Bruxelles – Paris

http ://www.editionsjourdan.com

Les Éditions Jourdan sont sur Facebook. Venez dialoguer avec nos auteurs, visionner leurs vidéos et partager vos impressions de lecture.

ISBN : 978-2-930757-20-9 – EAN : 9782930757209

Dépôt légal : D/2014/9685/28

Marcel Vancaster

LES BELGES DU DÉBARQUEMENT

Collection dirigée par Alain Leclercq

Mes plus vives pensées à:
Ma filleule Margaux pour l'inciter à plus de lecture;
Mes amis Diana et Jacques pour leurs judicieux conseils;
Mon épouse Claudine pour son imperturbable patience;
Mes fidèles relecteurs Rita et Guy et
à tous ceux et celles qui m'ont supporté...
Avec ma plus profonde et sincère amitié.

Avant-propos

Depuis septante ans déjà, des milliers d'ouvrages ont été consacrés à la Seconde Guerre mondiale. Les auteurs, historiens, chercheurs ou acteurs de terrain, ont évoqué les faits les plus marquants de ce long et sanglant conflit.

Certains ont tout simplement raconté leur propre histoire, et ils ont eu le mérite de dévoiler des faits bien souvent inconnus du grand public.

Ce devoir de mémoire constitue un fonds incroyable de détails vécus, et une vision sensible des événements que ces patriotes ont vécus.

Ce livre consacré aux Belges qui ont participé, de près ou de loin, à cette journée mémorable du 6 juin 1944, est bien loin d'être exhaustif. Nul doute que des lecteurs férus d'histoire jugeront que, tel ou tel personnage, aurait dû, lui aussi, faire partie intégrante de cet ouvrage.

Quand on sait que les Forces belges en Grande-Bretagne comptaient quelque 2400 hommes, plus de 500 marins, 1200 aviateurs et personnel d'assistance, 450 SAS (Special Air Service), il est impossible de ne pas avoir « oublié » un compatriote impliqué dans les multiples opérations menées avant et après le jour J.

Afin de relater au mieux les événements militaires de cette époque troublée, il m'est apparu opportun de placer le débarquement de Normandie dans son contexte historique premier, et d'évoquer la genèse de cette épopée libératrice.

La plupart des combattants belges évoqués au cours du récit ont rejoint la Grande-Bretagne contre l'avis des autorités belges de l'époque. Qu'ils aient franchi de nombreux obstacles, tant pédestres, marins ou aériens pour perpétuer la défense de leur pays, ces « évadés » ont été tout un temps considérés comme des déserteurs ou des rebelles. Cette situation intolérable et cet affront au courage et à l'abnégation de ces hommes méritaient d'être soulignés.

Les tristes et mesquines réactions enregistrées par certains après la fin des hostilités constituent également un volet qui méritait d'être étudié.

Toutes ces raisons font que les chapitres qui suivent entraînent le lecteur au travers d'événements qui se sont passés entre 1939 et 1948. Les figures de proue de ces volontaires de guerre méritaient également un regard succinct sur leurs carrières et activités d'après-guerre.

Il est bon de souligner également que les Belges, à l'appel du Premier ministre Hubert Pierlot en exil à Londres, ont répondu massivement pour continuer la lutte aux côtés des Alliés. Nos troupes se sont brillamment comportées lors de la bataille d'Angleterre, du raid sur Dieppe, du débarquement sur les côtes normandes, de la libération de la Hollande, de la marche victorieuse vers le cœur de l'Allemagne nazie et également en Afrique de l'Est.

Pour la petite histoire, la campagne de la Force publique en Abyssinie et Éthiopie a été marquée par la reddition de 7 000 soldats italiens entre les mains du général-major Auguste Gilliaert.

Espérant avoir rassemblé à la fois des noms illustres et des héros plus anonymes, cet ouvrage rend un vibrant hommage à tous ceux qui ont sacrifié leur vie et leur jeunesse pour que, en Belgique comme en Europe, refleurisse cette magnifique rose qu'est la Liberté.

Impressions

Finalement, la Belgique d'aujourd'hui doit beaucoup à une poignée d'hommes courageux et visionnaires qui ont fait montre d'un sens du devoir particulièrement développé.

Durant la Seconde Guerre mondiale, bon nombre des personnages repris dans ce livre ont prouvé leur grande valeur et leur opiniâtreté largement au-dessus de la moyenne. Si les combats auxquels ils ont participé les ont considérablement endurcis, ils ont montré ensuite une vision innovante et rénovatrice de notre pays.

Certains sont tombés au champ d'honneur, mais leurs espérances ont été concrétisées par des compagnons d'arme plus chanceux. Lorsque la paix est revenue en Europe, la Belgique se réveille d'un long cauchemar, et tout doit être reconstruit.

La plupart des personnages de ce livre ont réellement constitué un ferment particulièrement bénéfique pour notre pays. De très nombreuses nouvelles institutions ont vu le jour, et nous paraissent être nées depuis la nuit des temps. Et pourtant...

Une institution comme la Régie des Voies aériennes a vu le jour au lendemain des combats, le 20 novembre 1946. Le Bousvalien d'adoption, Odon Godart, en a été un des pères fondateurs.

Hugo van Kuyck a également contribué au renouveau belge. Dans les années cinquante, il introduit un nouveau concept architectural venu en droite ligne des États-Unis : les immeubles-tours alliant surfaces commerciales et bureaux.

Mais, les plus importantes innovations se retrouvent au sein même de l'armée belge.

En effet, Georges Timmermans perpétue l'idée de Victor Billet de constituer une unité marine. Avec l'aide de l'Angleterre, la Force navale belge prend vie, et est présente aujourd'hui sur l'échiquier international avec ses réputés dragueurs de mines et ses nouvelles frégates.

De leur côté, les « bleus » de la Force aérienne entrent également dans l'histoire. Ils se libèrent de la tutelle de l'armée de terre, et acquièrent leur totale autonomie au sein des Forces belges.

Des régiments inconnus avant la libération voient le jour, et perpétuent les traditions venues en droite ligne d'Angleterre. Les Parachutistes et les Commandos représentent des exemples incontournables, et démontrent à quel point des hommes comme Eddy Blondeel et Georges Danloy ont constitué des guides éclairés. Les membres des SAS, des SOE et des ARA ont démontré lors d'opérations périlleuses toutes les qualités des soldats belges.

Le lieutenant-général Roger Dewandre perpétue les unités blindées au sein de l'armée belge. Il travaillera à la création d'une École des blindés dont il incarnera l'esprit durant des décennies. Tous ces hommes ont fait montre d'un courage et d'une persévérance hors du commun pendant et après cette guerre atroce. Ils ont uni leurs efforts au service de leur Patrie sans se poser de questions linguistiques.

Qu'ils soient Flamands, Wallons ou Bruxellois, ils se sont serré les coudes avec détermination. Leur volonté de libérer la Belgique a été chevillée au corps durant toute leur vie et, pour eux, l'unité de « leur » pays était une priorité incontournable.

Au-delà des positions politiques actuelles, les Belges se doivent d'honorer les sacrifices de ces hommes, qui ont tout fait pour nous rendre notre liberté et nous construire un nouvel avenir.

À l'aube du septantième anniversaire du débarquement en Normandie, nous ne pouvons que les remercier du fond du cœur pour leur courage et leur abnégation.

CHAPITRE I

Fortitude

Un des vrais héros du D-Day est un tranquille et modeste Espagnol qui s'appelait Juan Pujol Garcia (1912-1988).

Né à Barcelone, Pujol était sorti de la guerre civile avec la haine chevillée au corps envers tous les extrémistes, qu'ils soient communistes ou fascistes.

En février 1941, il se rend à l'ambassade anglaise à Madrid pour offrir ses services comme espion. Il n'y est évidemment pas pris au sérieux, et conclut que les Anglais pourraient changer d'avis s'il était déjà un espion allemand.

Il se rend donc à l'ambassade d'Allemagne pour persuader les responsables que, titulaire d'un visa pour l'Angleterre, il peut leur être utile sur place.

Incapable de reconnaître un visa fabriqué quand il en a un sous les yeux, le responsable local des renseignements lui fournit la panoplie du parfait petit espion, et 600 livres sterling.

Censé signer ses rapports du nom de code *Arabel*, Pujol envoie à son agent traitant, Karl Kuehlanthal, un message lui signalant qu'il est bien arrivé à Londres, et qu'il va commencer à parcourir le pays, à la recherche d'informations.

En fait, il est à Lisbonne, où il loue un petit appartement. Il commence tout simplement à se documenter sur l'Angleterre dans la principale librairie de la ville.

Pujol envoie quelques rapports très impressionnants, qui comprennent des déductions étonnamment précises, tirées de tout ce qu'il assimile.

Son agent traitant en est tellement impressionné qu'il le classe dans la catégorie « source de première qualité ».

De fait, certaines de ses estimations concernant les convois maritimes et autres sont si précises que le MI6, qui intercepte pas mal de ses rapports, commence une chasse à l'homme dans Londres. Le premier indice qui met la puce à l'oreille des Anglais, et les amène à penser qu'*Arabel* n'est pas tout à fait ce qu'ils pensent, réside dans le libellé de ses notes de frais. Qui qu'il soit et où qu'*Arabel* soit, il ne sait manifestement pas qu'il y a douze pence dans un shilling et pas dix. Il commet également quelques bévues comme celle trouvée dans un rapport sur Glasgow. Il y écrit que les habitants boivent tellement de vin qu'ils sont tous ivrognes. Du whisky, à la limite de la bière, mais pas de vin, du moins pas en 1940.

Bien considéré par Berlin, Pujol refait une tentative auprès des Alliés en 1942, et cette fois est vraiment pris au sérieux. Le lieutenant Patrick Demorest, de la US Navy, attaché à l'ambassade britannique de Lisbonne décèle immédiatement tout son potentiel. Il dirige le volontaire vers Kim Philby, un homme qui connaît parfaitement la valeur d'un agent double, et un nommé Desmond Bristow, qui dirige la section ibérique du MI5.

Kim Philby

Harold Adrian Russel Philby, plus connu sous le nom de Kim Philby, est un agent double qui a travaillé pour les Anglais, les Américains et les Russes. Au cours de sa vie, il couvre la guerre civile d'Espagne pour le *Times,* et se crée une parfaite couverture anticommuniste. En 1940, il est recruté par le colonel Vivian Valentine pour le MI6. Il sera tour à tour promu au service d'évaluation des renseignements, avant de devenir le chef de la section antisoviétique. Durant de longues années, il trahira ses patrons jusqu'à sa fuite en URSS en 1962. Il décède à Moscou le 11 mai 1988.

À ce moment-là, le MI5 sait qu'*Arabel* est un pseudonyme, mais ils sont à cent lieues de penser que le nouvel as de Berlin est un petit binoclard entouré de montagnes de documentation, doté d'une imagination extraordinaire.

Quand Philby et un autre de ses agents, Klop Ustinov (1892 – 1962), père de l'acteur Peter Ustinov, sont persuadés que Pujol est effectivement *Arabel*, Klop est envoyé à Londres où il travaille sous le contrôle direct d'un des patrons du M15, Cyril Bertram Mills, alias M. Grey.

Klop Ustinov

Jona Ustinov est le fils du baron von Plato Ustinov et père de l'acteur Peter Ustinov. D'origine russe et naturalisé Allemand, il se fait appeler Klop ou punaise en russe... Passé en Angleterre quelques années avant la Seconde Guerre mondiale, il opte pour la nationalité anglaise, et entre dans les services de contre-espionnage britanniques.

Mills Circus

Cyril Bertram Mills est l'aîné des deux fils de celui qui a été désigné comme « le roi du cirque moderne ». Ingénieur pétrolifère, il renseigne occasionnellement les services secrets anglais avant le début des hostilités. Recruté par le MI5, il encadre *Garbo,* et obtient le poste de représentant et responsable du MI5 au Canada.

Sous la tutelle de Mills, Pujol, dont le nouveau nom de code au MI5 est *Garbo*, commence lentement à étoffer son réseau imaginaire, qui compte jusqu'à 24 agents, dont les défraiements sont payés par Berlin.

Comme il figure également sur les feuilles de paye anglaises, il amasse un considérable bas de laine.

Pour donner à la chose des accents de vérité, de temps en temps, un de ses agents est déclaré avoir trouvé la mort au cours d'un bombardement, ou d'un accident farfelu.

De fausses notices nécrologiques sont même publiées dans les journaux pour confirmer les faits.

Mills se trouve fort impliqué dans la rédaction des rapports de *Garbo*, dont la plupart n'ont qu'un seul objectif: laisser les Allemands convaincus qu'ils ont mis dans le mille avec leur certitude erronée que le débarquement, quand il aurait lieu, se ferait dans le Pas-de-Calais.

On sait en effet qu'il s'agit de l'intime conviction d' Hitler et de son état-major.

Opération *Fortitude*

L'opération *Fortitude* ou *courage* est la pièce maîtresse de *Bodygard*, initiée dès 1943. Le but des Alliés est de persuader les Allemands que le territoire français ne sera pas attaqué dans l'immédiat. En 1944, *Fortitude* se met en place avec deux facettes, l'une britannique: *Skye* et l'autre américaine: *Quicksilver*. L'ensemble de ces actions de désinformation et d'intoxication a été couronné de succès.

Dans le cadre de *Fortitude Nord*, une opération conçue pour garder les troupes allemandes fixées n'importe où, sauf dans le Nord de la France, *Garbo* envoie un rapport concernant un plan d'invasion de la Norvège. Son crédit à Berlin est tel qu'en mai 1944, les neuf divisions allemandes déjà présentes sont renforcées par trois autres. Comme le D-Day lui-même approche à grands pas, *Garbo* transmet des messages de plus en plus insistants suggérant que les Forces allemandes seraient bientôt soumises à un débarquement bidon dans le Nord de la France. Ces mises en garde les incitent à déplacer des renforts en provenance d'autres secteur, spécialement du Pas-de-Calais, qui était le lieu où le gros des Forces alliées allait débarquer.

Le 4 juin, Mills et *Garbo* avertissent les Allemands d'attendre un important message, et le 6, alors qu'il est trop tard pour qu'ils envoient des renforts de dernière minute sur les vraies plages, *Garbo* fait parvenir un message affolé détaillant les zones réelles de débarquement. Mais, les deux espions ont le sentiment qu'Hitler ne prendra pas la décision de déplacer des troupes de l'endroit où elles sont stationnées. *Garbo* a raison, et le Führer donne l'ordre aux régiments blindés qui se trouvent dans le Pas-de-Calais de rester sur leurs positions.

C'est encore le cas le 29 juillet, date à laquelle *Garbo* est informé qu'Hitler en personne souhaite lui manifester sa reconnaissance pour son inestimable travail, en le décorant de la Croix de Fer de Première Classe.

Comme Pujol est également récompensé par un MBE (*Member of British Empire*), il est l'un des rares participants au conflit à avoir été décoré par les deux camps.

L'histoire de *Garbo* fait partie des nombreux leurres lancés par les Alliés dans le cadre de l'opération *Fortitude.* Elle avait pour seul objectif de persuader les Allemands qu'un débarquement pouvait se matérialiser dans n'importe quel coin de l'Europe, sauf en Normandie. Ainsi, un faux Montgomery, plus vrai que nature, a réussi à persuader l'ennemi qu'un débarquement était prévu au nord de la frontière espagnole.

Le faux Montgomery

Dans la perspective du débarquement en Normandie, de nombreuses opérations ont été montées par les Alliés afin de détourner l'attention des Allemands des côtes françaises.

Une autre facette de l'opération *Fortitude* a consisté à faire voyager en Afrique du Nord le sosie du Field Marshal Montgomery, dans le cadre de l'opération *Copperhead* ou « Tête de cuivre ».

En feuilletant le *News Chronicle*, le lieutenant-colonel J.V.B. Jervis-Reid, commandant en second du Comité des Ressources Spéciales, découvre la photo d'un acteur australien, qui ressemble à s'y méprendre à « Monty ».

L'homme en question porte le nom de Meyrick Edward Clifton James, et est Australien. Jervis-Reid entre en contact avec un collègue du Service cinématographique de l'armée, et lui demande de convoquer le lieutenant James à Londres. Le colonel, l'acteur David Neven, délègue la tâche à son ordonnance, le caporal Peter Ustinov. Un ordre de mission parvient à l'intéressé, qui devrait jouer dans des films en faveur de l'effort de guerre. Après une audition passée devant Neven, James est prié de rester quelques jours à Londres. Rapidement, les instigateurs de l'opération se rendent compte de l'évidente et étonnante ressemblance, mais se heurtent à une voix et une gestuelle très éloignées de celle de Montgomery.

Clifton James

Meyrick Edward Clifton James (1898-1963) est un acteur et militaire des Forces britanniques, connu pour son « doublage » du maréchal Montgomery durant la Seconde Guerre mondiale. Il est d'origine australienne. Par son action dans l'opération *Copperhead,* il a réussi à berner les Allemands. Alcoolique, il mourra dans le dénuement le plus total.

Le temps presse, car les Alliés sont à quelques mois de la date fatidique du débarquement en Normandie. Mais en plus, l'Australien boit sec et fume comme une cheminée, deux vices intolérables aux yeux du Field Marshal. Mis au courant de l'opération, James est condamné à se priver de ses mauvaises habitudes. Il est soumis à un régime sévère de cours intensifs afin de modifier sa voix, et d'imiter parfaitement les moindres gestes habituels de son modèle. Devant la complexité de la tâche à accomplir, l'acteur est attaché à l'état-major de *Monty* afin de pouvoir l'étudier au mieux.

Pendant ce temps, les agents britanniques en Méditerranée propagent des rumeurs sur l'arrivée prochaine du général. Il viendrait effectuer une visite d'inspection dans le cadre de la préparation d'un débarquement dans le Sud de la France. L'opération est lancée le 25 mai 1944 à 6 heures. James, alias Montgomery, quitte Whitehall et le ministère de la Défense.

Face aux journalistes convoqués pour la circonstance, sa voiture d'état-major le conduit à la base de la RAF de Northolt, où l'attend un avion pour Gibraltar.

Au passage de *Monty* des rumeurs circulent, et prétendent que le général part pour l'Afrique du Nord. Les médias britanniques relayent l'information à grand coup de titres ronflants.

Incorrigible James...

Toute la mise en scène est soigneusement suivie et, dans l'avion, James se rend aux toilettes où une bouteille de whisky a été consciencieusement planquée. Les gardes du corps de James le retrouvent dans un état semi-comateux, et font tout ce qui est en leur pouvoir pour dégriser l'incorrigible buveur.

Devant l'impossibilité de ramener l'ivrogne à la réalité de sa mission, les gardes doivent employer la manière forte. La tête de *Monty* est enveloppée dans une serviette humide, et est placée à l'extérieur de l'avion par la porte de secours.

Au moment de l'atterrissage, l'Australien est frigorifié, mais totalement dégrisé. Toutefois, il n'en mène pas large, et les deux gorilles ne lui permettent plus la moindre escapade. Arrivé à Gibraltar, une voiture officielle charge l'acteur en direction de la résidence du gouverneur, sir Thomas Ralph Eastwood. Cet ami intime de Montgomery est complètement abusé par la remarquable prestation de James, qui, à jeun, ne manque certainement pas de talent.

Lors de la soirée officielle, sir Eastwood a invité un couple de banquiers espagnols, dont les services secrets britanniques connaissent la connivence avec les Allemands. Au cours de cette soirée mémorable, James et Eastwood réussissent un duo exceptionnel. Ils parlent « discrètement » du plan 303, et de l'invasion de la France au nord de la frontière espagnole.

Sir Eastwood

Le général Thomas Ralph Eastwood (1890-1959) était le gouverneur de Gibraltar en 1944. Après une brillante carrière militaire sir Eastwood a été admis à la retraite en 1947.

Le lendemain, de retour à l'aéroport, le commandant de bord simule une panne de moteur. Les deux compères se rendent au terminal pour y prendre le thé. Installés près du bar, ils s'étendent à nouveau sur le plan 303. Derrière le comptoir, deux Espagnols pro nazis, sensés ignorer l'anglais, boivent leurs paroles.

L'opération *Copperhead* se déroule comme prévu, et les deux hommes se quittent près de l'avion. La prochaine étape de cette désinformation se situe à Alger, où James rencontre le commandant en chef du secteur de la Méditerranée, le général Maitland Wilson. Les réunions se suivent et, avant de quitter l'Afrique du Nord, le faux Montgomery apparaît sur un balcon, des cartes à la main. À grands renforts de gestes, il montre la mer, et interprète ainsi une saynète des plus convaincantes. Ces dernières interventions en public clôturent l'opération *Copperhead*, et James est envoyé au Caire où il demeure enfermé dans une chambre d'hôtel jusqu'au D-Day. La prudence est la mère de la porcelaine, et avec James, il vaut mieux se méfier de tout faux pas.

En 1963, la dive bouteille finit par avoir raison de cet Australien, qui eut le mérite de berner copieusement les services secrets allemands.

Opération *Mincemeat* ou « Viande hachée ».

Depuis plusieurs mois déjà, Staline demande aux Alliés d'ouvrir un deuxième front afin de faciliter la tâche des troupes russes. Ce sera chose faite le 10 juillet 1943 avec le débarquement allié en Sicile. Pour en arriver là, une nouvelle opération d'intoxication est mise sur pied. Le fameux et redoutable Service Double Cross entre dans la danse. Il veut faire passer un message selon lequel les troupes alliées attaqueraient dans les Balkans et en Sardaigne. Le grand jeu peut commencer. Ils vont même jusqu'à utiliser un cadavre dans une opération tout à fait originale *Mincemeat* ou « Viande hachée ».

Les services secrets jettent leur dévolu sur un certain Glyndwr Michael, un vagabond gallois, décédé d'une pneumonie suite à l'absorption de mort au rat. Le maître d'œuvre de l'opération est un capitaine de corvette dénommé Ewen Montagu. Il est membre du *Twenty Committee* ou Comité XX. La macabre opération n'a pu être réalisée qu'en créant de toutes pièces une identité militaire à un vulgaire inconnu, qui devait gruger les autorités allemandes. Il devient très rapidement le major William Martin du *Royal Marines*, assigné au QG des opérations combinées.

Ewen Montagu

Officier de renseignement de la Navy, juge et écrivain, Ewen Edward Samuel Montagu (1901-1985) a été le représentant de la marine au Comité XX. Il a initié l'opération *Mincemeat,* et tenait informé Winston Churchill en personne avec de petits messages codés.

Un dossier complet est constitué, et quand l'opération débute, ce major a acquis un passé digne d'un gentleman britannique. Les documents secrets, relatifs aux prochains débarquements en Sardaigne et dans les Balkans, et le corps, sont mis « à la mer » par un sous-marin anglais le *HMS Seraph* au large des côtes espagnoles.

Au large d'Huelva, l'appât est découvert par un pêcheur local, José Antonio Rey Maria, à peine trois heures après avoir été confié à la mer. Le cadavre doit parler aux Allemands. Ewen Montagu et son équipe ont rédigé des courriers dans lesquels sir Harold Alexander, commandant des forces britanniques en Afrique du Nord, lord Louis Mountbatten, chef des opérations combinées et l'amiral Andrew Cunningham, *Commander in Chief* en Méditerranée, s'échangent des informations au sujet d'une opération, qui porte le nom de code : *Husky*.

Le corps du major Martin est soumis aux investigations des Espagnols et d'un agent de l'*Abwehr*, actif à Huelva. Les Allemands gobent l'information, et changent leurs plans de défense en déplaçant plusieurs divisions. Après la remise du corps au vice-consul britannique, le major Martin est inhumé avec les honneurs militaires dans cette ville d'Andalousie.

Montagu continue son intoxication, et inscrit le nom de l'officier dans le bilan mensuel des pertes britanniques. Le quotidien *The Times* publie même un avis de décès afin de donner encore plus de véracité à l'opération. On n'est jamais trop prudent...

Deux armées fantômes

Le Premier Groupe d'Armées U.S. est fort de plus de 100 000 hommes, et est lourdement équipé. Son objectif est de toutes évidences les côtes du Pas-de-Calais... Pourtant, le FUSAG, *First US Army Group*, n'existe pas. Il constitue tout simplement une énorme et très élaborée manœuvre d'intoxication. Les Alliés ont mis en place une armée fictive basée à Southampton, et uniquement composée de faux chars, planeurs et avions gonflables, fabriqués notamment par Goodyear et Goodrich. Toute cette mascarade, l'opération *Quicksilver*, est sérieusement encadrée d'une activité radio importante. Des camions roulent 24 heures sur 24 sur les routes du Sud de l'Angleterre, et diffusent des messages entre les différentes unités. De leur côté, les Allemands captent l'important trafic hertzien, et sont persuadés de l'existence de cette armée qui, pour la circonstance, a été placée sous les ordres du général Georges Patton, un des plus brillants officiers supérieurs du moment.

De leur côté, les Anglais sont loin de rester inactifs et montent l'opération *Skye*. Ils créent de toutes pièces une *British Fourth Army*, qui doit débarquer en Norvège. Le système mis en place inclut plusieurs unités fantômes, qui ne « fonctionnent »qu'au travers d'un abondant échange de communications. Les Anglais ont même misé sur de petits détails très *british*, en relayant dans les médias de fausses compétitions sportives et même des mariages fictifs entre soldats des diverses unités de cette 4e armée anglaise.

Les résultats obtenus sont excellents. Les Allemands maintiennent 17 divisions sur les territoires norvégiens et danois. Les forces militaires ennemies bloquées dans le Nord de l'Europe représentent quelque 300 000 hommes, qui se retrouvent bien loin des plages normandes.

Jamais l'état-major allemand ne peut envisager que les Alliés se priveraient d'un de leurs meilleurs généraux lors du débarquement. L'opération *Fortitude* amène Hitler à conclure que l'invasion de l'Europe se déroulera dans le département du Pas-de-Calais. Mieux, il ordonne que les régiments de Panzer de réserve ne soient déplacés que sur son autorisation personnelle. Le 6 juin au matin, le Führer dort profondément. Personne n'ose le réveiller...

Les troupes alliées ont débarqué en Normandie, les têtes de pont sont sécurisées, et les Allemands demeurent toujours convaincus que cette opération est une manœuvre de diversion. Hitler n'en démord pas : les Anglo-Américains débarqueront dans le Pas-de-Calais ! Jusqu'au 10 septembre 1944, alors que les éléments avancés approchent de la frontière du IIIe Reich, le haut commandement de la *Wehrmarcht* envoie toujours des messages radio annonçant l'arrivée imminente du FUSAG. Cette unité fantôme a été particulièrement efficace !

Double cross

Les Alliés et LCS intoxiquent l'ennemi tous azimuts notamment grâce à un service d'une efficacité redoutable : le Comité XX ou *Committee Double Cross.* Créé en 1942, le service de contre-espionnage du MI5 est dirigé par John Cecil Masterman. En réalité, les services anglais ont repéré une cinquantaine d'espions allemands sur leur territoire. Ils décident donc de les utiliser contre l'ennemi en les contraignant à émettre de faux rapports. La subtilité du système est de mêler de vrais renseignements de peu d'importance à des éléments de désinformation. Le savant mélange préserve la crédibilité de l'espion nazi vis-à-vis de ses commanditaires de l'*Abwehr.* Les messages envoyés au service de l'état-major allemand sont réellement transmis par de « vrais » espions tout simplement contrôlés par le MI5. La manipulation a permis de faire croire à un débarquement en Sardaigne et dans les Balkans, afin d'occulter au mieux le projet allié de l'attaque de la Sicile.

LCS et PWE

Dès avril 1941, Winston Churchill crée la LCS ou *London Controlling Section.* La vive imagination de cet homme d'État d'exception contribue largement au fonctionnement et au développement de cet organisme secret. Il en confie la direction à un de ses amis intimes, Olivier Stanley, secrétaire d'état à la guerre. À partir de 1942, la LCS est dirigée par le lieutenant-colonel John Henry Bevan. La « Section de contrôle de Londres » coordonne ainsi toutes les actions proposées par les responsables des différents services secrets britanniques. En février 1942, Churchill adjoint à la LCS le *Political Warfare Executive* ou PWE. Ce nouvel outil de désinformation est axé essentiellement sur la propagande politique et psychologique à destination de tous les pays occupés par les nazis. La célèbre BBC ou *British Broadcasting Corporarion* en devient le principal relais sur les ondes.

Trois agents doubles marquent de leur sceau les opérations alliées de *Double Cross.* L'Espagnol, Juan Pujol Garcia ou *Garbo*; Dušan Duško Popov, alias *Tricycle,* un avocat serbe, et un officier polonais, Roman Czerniawski, qui agit pour le compte du MI5 sous le pseudo de *Brutus.*

Roman Czerniawski

Après la débâcle, le capitaine Czerniawski fonde le réseau de résistance franco-polonais *Interallié.* Il change d'identité, et devient Armand Borni. Mais il est arrêté par Hugo Heinz Bleicher de l'*Abwehr.* À partir de ce moment, Czerniawski devient un agent double, et est traité par le Comité XX. Pour les Britanniques, Roman ou Armand se transforme en *Brutus.* Il sera actif notamment dans les opérations *Starkey* et *Fortitude.* Après la guerre, il s'installe à Londres, où il meurt en 1985.

Popov, ou *Ivan* pour les services secrets allemands, est l'ami inséparable d'un autre agent double Johann « Johnny » Jebsen, alias l'*Artist.* Au cours d'une mission pour le compte de l'*Abwehr* et de ses amis japonais, Popov découvre le plan de l'attaque « surprise » de Pearl Harbor, quatre mois avant sa matérialisation. L'information est transmise aux Américains par l'entremise du Comité XX. Mais les renseignements récoltés par l'espion ne sont pas pris en considération par le FBI. Son directeur John Edgard Hoover, en poste depuis 1924, ne relève pas l'importance des rapports qui aboutissent sur son bureau. À l'époque, les Américains ne sont toujours pas entrés en guerre, et l'attaque de Pearl Harbor servira de catalyseur à leur participation au conflit mondial. Le véritable électrochoc déclenché par le raid nippon a fortement influencé l'opinion publique américaine. Les autorités des States ne peuvent faire autrement que de déclarer la guerre aux Japonais et à l'Allemagne, son alliée. Y a-t-il eu rétention « volontaire » de renseignements, ou s'agit-il d'un malencontreux concours de circonstances ?

Jebsen et Popov continuent leurs actions et sont impliqués dans la gigantesque opération *Fortitude*. En avril 1944, Jebsen est à Lisbonne. Son contact allemand, Aloys Schreiber, alias *Schier*, le chef du contre-espionnage nazi dans la capitale portugaise, l'enlève et le ramène en Allemagne, où il est interrogé par la Gestapo. Heureusement pour les Alliés, les soupçons se révèlent être d'un tout autre genre. Les gestapistes interrogent l'agent double au sujet de nébuleuses malversations financières au préjudice d'officiers allemands. À Londres, le XX *Committee* se pose de nombreuses questions.

Si Jebsen parle de *Fortitude,* le fondement même de l'opération sera découvert, et les Allemands comprendront vite qu'ils ont été grugés de maîtresse façon. Tous les efforts des Alliés tomberaient à l'eau, et l'issue même du débarquement en Normandie serait lourdement compromise. Mais Johnny Jebsen, malmené par les sbires de la police allemande, reste fidèle à ses convictions antinazies, et ne révèle aucun renseignement compromettant. Il finit par être incarcéré au camp de concentration d'Oranienburg, un des tout premiers camps ouverts par le régime nazi. Peu avant la libération de cette sinistre institution par les Alliés, il semble que le membre de *Double Cross* ait été emmené par des agents de la Gestapo vers un endroit... discret ! Connaissant tous les secrets qui étaient en possession de l'*Artist*, les Alliés étaient passés à deux doigts d'un K.-O. retentissant, qui aurait eu des conséquences désastreuses.

Toutes ces opérations démontrent à quel point les Alliés sont devenus très rapidement des spécialistes de la manipulation et de la désinformation. Malgré toutes ces élucubrations rocambolesques, ils ont mis en place bien d'autres mesures générales de sécurité extrême.

Un dispositif, dénommé *Bigot*, a vu un de nos compatriotes y avoir accès pour ses travaux sur les plages normandes. Le colonel belgo-américain Hugo van Kuyck, l'architecte d'*Overlord*, a été étroitement mêlé à ces secrets particulièrement bien gardés. D'autres actions menées peu avant le jour fatidique ont également eu un impact certain sur l'opinion du haut commandement allemand en Normandie.

La volonté des Alliés de maintenir la pression dans le camp allemand, et de confirmer leur intention de débarquer dans le Pas-de-Calais, est assortie de diversions sur le terrain.

La veille du 6 juin, d'intenses bombardements sont effectués sur la belle Côte d'Opale, censée être le théâtre du débarquement en raison de sa proximité des falaises anglaises.

La même nuit, une flottille de navires se dirige vers Dieppe, tandis que de faux parachutistes sont largués sur la région. L'analyse de toutes les réactions allemandes face à la multitude de faux renseignements et d'intoxications alliées montre combien cette incroyable opération *Fortitude* a créé la confusion et la méprise.

Les autorités allemandes ne se sont réellement réveillées que lorsqu'il était beaucoup trop tard. De leur côté, les Alliés ont vraiment profité un maximum de leurs multiples diversions. Cette guerre des services secrets a été remportée par des gens décidés, prêts à tout, et déterminés à faire de la lutte psychologique une arme qui sera encore utilisée à maintes reprises au cours de l'histoire militaire, et ce, dans le monde entier.

CHAPITRE II

Le 4 juin 1944, dans un bureau du Bomber Command

La tension est palpable depuis plusieurs jours et monte encore et toujours. D'ici quelques heures, la plus grande invasion de l'histoire doit se décider, et la liberté de l'Europe se joue autour de cartes et de relevés météorologiques. Tout le personnel présent dans cette atmosphère enfumée étudie une masse de documents venus des quatre coins du continent et s'inquiète de cette fichue dépression qui déferle sur la Manche.

Les conclusions sont unanimes: le débarquement prévu le 5 juin sur les côtes normandes devra être reporté à une date ultérieure. Mais l'inquiétude est énorme, les différents services météo doivent donner suffisamment d'indications probantes pour permettre au SHAEF (*Supreme Headquarters Allied Expeditionary Force*) de prendre une décision. Le sort de la guerre repose entre les mains de quelques spécialistes, et de leurs calculs bizarres.

À l'extérieur, pluie et rafales de vent semblent compromettre les ultimes espoirs de débarquer cette nuit en France. D'ailleurs, certains bateaux ont déjà été rappelés et font demi-tour sur une mer déchaînée. L'heure est grave et il ne reste plus que deux jours favorables pour lancer l'opération *Overlord.*

Le 5 juin au matin, les éléments semblent toujours aussi déchaînés, mais une timide éclaircie est décelée par les météorologues. Dans la grande salle des cartes de *Southwick House*, les principaux hauts responsables de cette gigantesque invasion attendent les ultimes précisions. L'incertitude subsiste toujours et, in fine, le Group Captain du Bomber Command, le Belge Odon Godart, persuade l'assemblée: « Demain, 6 juin, une accalmie de plus ou moins trente-six heures permettra le déroulement de l'opération dans des conditions acceptables ! » Fort de cet avis, le général Dwight D. Eisenhower lance son historique: « Let's go... »

Le Group Captain Odon Godart donne le feu vert à Ike...

Le domaine de *Southwick House*, situé à quelques encablures de la base navale de Portsmouth, est réquisitionné depuis 1940. Cette magnifique demeure à colonnades de style géorgien abrite le poste avancé des principaux commandants alliés. Durant les jours qui précèdent le D-Day, les plus grands chefs de guerre impliqués dans la planification du débarquement en Normandie s'y rencontrent régulièrement. Ils peaufinent le plan de bataille du plus important rassemblement militaire de tous les temps.

L'amiral Bertram Ramsay, commandant en chef de la Royal Navy et des Forces navales; le général Montgomery, commandant en chef des Forces britanniques et canadiennes et le général américain Dwight Eisenhower, commandant suprême allié, se rencontrent quotidiennement. Ils analysent avec un soin tout particulier les rapports météorologiques de James Martin Stagg. Cet Écossais, originaire de Dalkeith et directeur du *Kew Gardens Observatory* jusqu'en 1943, a rejoint la RAF avec le grade de colonel et est devenu le conseiller météorologique du commandant suprême allié. Depuis plus de deux mois, Eisenhower exige des bulletins météo avec des prévisions de trois jours, et ceux-ci sont ensuite confrontés à la dure réalité du terrain et du ciel. Les services incriminés: le *Météorological Office anglais*, le *Naval Météorological Service* de l'Amirauté britannique et le *Weather Service* de l'US Air Force, se penchent donc inlassablement sur les cartes et les relevés fournis par de très nombreuses sources militaires et civiles.

Les Alliés peuvent compter sur les observations réalisées sur toutes les zones occupées par leurs troupes, mais également sur les informations fournies par les nombreux bâtiments civils ou militaires qui naviguent dans les eaux internationales. À ces nombreux rapports météo s'ajoutent les messages codés des résistants belges et français. Cette masse de renseignements constitue une formidable banque de données pour les équipes de météorologues alliés. De plus, les Alliés ont réussi à décoder les messages du service météo allemand, et peuvent dès lors bénéficier des prévisions de l'ennemi et même de ses analyses.

Mais le mois de mai 1944, particulièrement exceptionnel, n'est pas important pour les Alliés puisque le général Eisenhower a fixé le jour de l'opération *Overlord* au lundi 5 juin... Et pourtant, dans une interview donnée par Ike au *New York Herald Tribune* et au *Washington Post*, le célèbre général américain avoue que: « Notre sort est entre les mains des météorologistes. » Cette assertion est valable depuis la réunion de Casablanca entre Roosevelt et Churchill qui, en 1942 déjà, ont envisagé l'opération *Overlord*. En réalité, les meilleures conditions pour permettre un débarquement sur les côtes normandes dans des conditions favorables sont à la fois simples et complexes.

Il est impératif de réunir un faisceau de prévisions spécifiques à chaque arme engagée sur le terrain: la marine, l'armée de l'air et l'infanterie. Tous les spécialistes « aériens » désirent pouvoir bénéficier d'une nuit de pleine lune afin de faciliter les bombardements préalables à l'attaque, un vent faible pour que les troupes aéroportées ne soient pas déportées de leurs objectifs et en prime, des brumes et des nuages sur le continent pour empêcher une contre-attaque aérienne allemande.

Pour les marins, la mer doit être relativement calme avec des vents compris entre trois et quatre beaufort (moins de 20 km/h). Les bâtiments de tous types peuvent de la sorte s'approcher au plus près des côtes et régler plus facilement leurs tirs sur les nombreuses défenses côtières. Les barges de débarquement à fond plat sont plus faciles à diriger, et leur stabilité n'en est que meilleure. La marée doit être basse au lever du soleil et permettre ainsi aux troupes libératrices de distinguer au mieux tout l'arsenal défensif disséminé le long des côtes par les troupes commandées par Rommel.

Overlord est donc entièrement soumis aux conditions météorologiques. Et elles sont au cœur des discussions qui se tiennent à la *Southwick House* à partir du 15 avril 1944.

D'une fréquence de deux à trois briefings météo par semaine, les services intéressés voient le rythme s'accélérer et passer finalement à la tenue de trois briefings quotidiens, en présence d'Eisenhower. Le travail ne manque donc pas pour ces équipes de spécialistes parmi lesquels se trouve un Belge : Odon Godart, responsable des prévisions pour les multiples missions du Bomber Command anglais. Ce mathématicien réputé travaille donc à l'élaboration de ces fameux rapports qui, malheureusement, ne semblent pas très optimistes pour les jours à venir.

En effet, en cette fin du mois de mai, la situation se dégrade fortement. Après de très fortes chaleurs relevées sur le sol britannique (jusqu'à 35°), le mois de juin débute par un mauvais temps inhabituel pour la saison. Tous les services s'accordent sur une météo pourrie pour les premiers jours du mois. Ils estiment que le 5 juin doit être oublié au plus vite pour la programmation d'une opération d'une telle envergure. En plus des escadrilles de soutien et de la défense de l'armada engagée, les Alliés enverront vers la France plus de 2 000 avions de transport et 867 planeurs chargés de 3 divisions aéroportées. Et « le cahier des charges » du jour le plus long comporte trois conditions nécessaires pour assurer le succès de l'opération et limiter le plus possible les pertes humaines.

Une demi-marée haute doit permettre une approche suffisante des côtes par les navires alliés, qui devront réduire, autant que faire se peut, au silence les défenses côtières allemandes, et soutenir les premières vagues par des tirs de barrage. Pour les Forces de débarquement, un assaut à l'aube est impératif afin de permettre aux hommes de prendre position sur les plages de la Normandie et d'y implanter de solides têtes de pont.

De leur côté, les troupes aéroportées ont besoin d'une nuit de pleine lune et ces trois conditions essentielles ne sont réunies que les 5, 6 et 7 juin 1944.

Si une décision n'est pas prise par le haut commandement allié et qu'un de ces trois jours n'est pas sélectionné, il faudra retarder le débarquement d'une quinzaine de jours afin de retrouver des conditions aussi favorables.

Pourtant, malgré un temps exécrable, l'ordre de débarquer le 5 juin sur les plages normandes ne sera annulé que le jour même. Entretemps, plusieurs convois ont déjà appareillé la veille et doivent faire demi-tour sur une mer démontée. Toutes les équipes de météorologues rassemblées pour « prédire » une accalmie et donner le feu vert à l'opération *Overlord* sont confrontées au déchaînement des éléments. Elles se trouvent dans l'obligation de prendre une décision rapide afin de préserver le secret d'un débarquement que le monde entier attend avec impatience.

Erwin Rommel

Après une brillante campagne à la tête des blindés de *l'Africa Korps*, le « Renard du désert » est nommé inspecteur des fortifications à l'ouest, le fameux Mur de l'Atlantique. Au début de 1944, il prend la tête du groupe d'armée B, chargé de la défense des côtes de la Manche. Il renforce considérablement une zone fortifiée et minée sur une profondeur de près de dix kilomètres. Il reste persuadé que le jour du débarquement sera décisif et que les forces allemandes devront empêcher toute avancée ennemie. Le 16 juin, sa rencontre avec Hitler est particulièrement houleuse et il ne parvient pas à le persuader de prendre des mesures importantes pour stopper la progression des troupes anglo-américaines. Rommel sera grièvement blessé quelques jours plus tard par des tirs de deux Typhoon. Transporté en Allemagne, il est impliqué dans l'attentat du 20 juillet contre Hitler. Toujours convalescent à Herrlingen, les autorités du Reich le poussent au suicide afin de préserver sa famille et le déshonneur. Il évite de la sorte le fameux *Sippenhaft* ou « responsabilité du clan ».

De leur côté, les Allemands sont rassurés par ce climat anormal pour un mois de juin. Leurs prévisionnistes ont annoncé un temps détestable qui rend complètement irréaliste la possibilité d'un débarquement allié. De plus, ils sont persuadés que les Alliés auront besoin d'au moins six jours de beau temps pour lancer une opération de cette envergure. Cette certitude est tellement forte que le maréchal Erwin Johannes Eugen Rommel, chef du groupe d'armée B et chargé de la défense des côtes de l'Atlantique, a quitté son poste de commandement et se trouve en Allemagne. Il est parti de son QG la veille en direction de Herrlingen, afin de fêter l'anniversaire de son épouse Lucie. Il lui apporte une paire de chaussures et, le lendemain, il doit rencontrer Hitler.

Cette entrevue sera annulée à cause du débarquement et il rejoindra le soir même son QG au château de La Roche-Guyon, dans le Val-d'Oise, pour tenter de repousser les troupes alliées à la mer...

L'heure h est un peu belge...

Les heures passent très vite et, pour les équipes de météorologues, c'est une véritable course contre les éléments. Va-t-il y avoir une faille dans cette tempête qui secoue la Manche et la Normandie? Cette accalmie est-elle prévisible lors de ces trois jours fatidiques? Les conditions nécessaires au bon déroulement de ce gigantesque débarquement seront-elles réunies à temps? De l'Amirauté à la RAF, du BMO (*British Meteo Office*) à l'*US Army Air Forces*, tout le monde planche sur les relevés fournis par les bases météo et les calculs de probabilité se multiplient.

Au cœur même de ces équipes, un jeune Farciennois a fait ses preuves depuis belle lurette. Par sa rigueur et sa précision, Odon Godart s'est taillé une place de choix au Bomber Command. Il y a mis sur pied un service de météorologie propre à son état-major, qui envoie plusieurs dizaines de fois par jour des missions de bombardement aux quatre coins de l'Europe occupée. Ce mathématicien et astronome de renommée internationale met toutes ses connaissances au service de ces véritables armadas aériennes tant redoutées par l'Allemagne. Patient et méthodique, ce « petit Belge » avait déjà jeté les fondements d'une étude, présentée en 1942, au ministère de l'Air sur l'emploi des surfaces isobares comme surfaces de référence en météorologie. Ce travail a été quelque peu snobé par les spécialistes anglais, qui se montrent assez réticents à l'utilisation de cette nouvelle méthode révolutionnaire.

Pourtant, après la guerre, cette vision des choses va s'avérer fondamentale dans le développement de la météo moderne. Elle est même reprise et développée par Sutcliffe et Petterssen, eux qui avaient dénigré la méthode d'Odon Godart et n'avaient pas jugé utile de publier son mémorandum.

L'ensemble des qualités présentées par le Group Captain Godart devait le conduire à prendre une place importante dans l'élaboration des prévisions météo de ces jours cruciaux pour la liberté. À quelques heures de la prise de cette importante décision, le temps est toujours fortement perturbé et l'avis de tempête semble être prolongé pour plusieurs jours encore.

Néanmoins, le matin du 4 juin, les trois équipes décèlent la possibilité d'une accalmie pour le mardi 6. Mais la fenêtre qui s'ouvre ne représente au plus que trente-six heures de répit, et une amélioration légère des conditions catastrophiques enregistrées dans la Manche. Malgré cette certitude, les conclusions fournies par les services météo sont bien loin de converger et il faut donc trancher au vu de la situation.

On ne peut plus traîner et le général de brigade Harold R. Bull, chef adjoint de l'état-major d'Eisenhower a même lancé à Stagg: « Bon dieu, trouvez une solution pour demain matin avant la réunion du commandant suprême! Le général Eisenhower est très inquiet! » Et on comprend bien le dilemme où le haut commandement allié se trouve. Il est impératif de décider au plus vite tout en s'appuyant sur de solides rapports et des prévisions extrêmement pointues.

Le colonel Stagg présente alors les conclusions des équipes météo très tôt le 5 juin et l'ultime décision tombe à 4 h 15. Le débarquement en Normandie est programmé le 6 juin à l'aube, et plus précisément à 6 h 30. Ce choix repose clairement sur le brillant travail fourni par les équipes de météorologistes mais également sur l'avis tranché du Group Captain Odon Godart. Il signifie à son chef James Stagg que le débarquement doit avoir lieu à cette date, la seule possible aux yeux de ce spécialiste du Bomber Command.

« Le petit Belge » entre ainsi dans l'histoire de la Seconde Guerre mondiale et ouvre les portes à la libération du continent européen. La certitude de Godart a entraîné dans son sillage l'approbation du SHAEF *(Supreme Headquarters Allied Expeditionnary Force),* du commandement suprême des forces expéditionnaires alliées et de son chef, le charismatique général Dwight D. *Ike* Eisenhower.

Godart et ses collègues ont eu de la chance, car ils étaient sous la menace d'une loi anglaise de 1667, qui prévoyait le bûcher pour les prévisionnistes. Cette fameuse loi ne fut abrogée qu'en 1957...

Pris dans la tourmente...

À sa sortie de l'UCL en 1935, le frais émoulu licencié en sciences mathématiques, Odon Godart, est bien loin de penser embrasser une carrière dans la météorologie. La guerre et le hasard l'ont conduit sur cette voie et ont contribué à sa renommée internationale, tant civile que militaire.

Né à Farciennes le 21 août 1913, le jeune Odon, issu d'une modeste famille d'ouvriers, réussit ses humanités gréco-latines avant de rallier l'université catholique de Louvain, encore située à l'époque à Leuven. Sa licence de math en poche, il travaille en étroite collaboration avec le chanoine Georges Lemaître comme aspirant du Fonds national de la recherche scientifique. Au contact du théoricien du *Big Bang*, il obtient une bourse de la *Belgian American Educational Foundation* et part pour les États-Unis en 1938. Incorporé dans les équipes de chercheurs de l'Observatoire de Harvard et du *Massachusetts Institute of Technology* (MIT), il côtoie Lloyd Stowel Shapley qui obtiendra un prix Nobel d'économie et cassera le code secret des météorologues russes en 1943.

Pour cet exploit, il a reçu la Bronze Star de l'armée américaine. Mais le brillant mathématicien belge ne résume pas son séjour aux States à des travaux et des recherches dans le monde de l'astronomie. Il participe également à l'étude et la mise au point des radars. (***Ra****dio* **D**étection ***a****nd* ***R****anging* ou en français : détection et estimation de la distance par ondes radio.) Lors de son séjour aux States, il a le privilège de rencontrer à Hollywood la belle et célèbre Paulette Goddard et même de partager un repas avec l'actrice qui était à l'époque la troisième épouse de Charlie Chaplin.

Paulette Goddard

Née à New York en 1910, cette actrice américaine a connu sa plus grande renommée au cours des années quarante. Elle débute sa carrière à l'âge de treize ans et se marie trois années plus tard avec un riche industriel. Divorcée, elle décroche de petits rôles avant de rencontrer le célèbre Charlie Chaplin. La société de production *Paramount* lui propose plusieurs grands films et elle joue avec des acteurs renommés comme : Bob Hope, Fred Astaire ou Gary Cooper. Paulette Goddard continue sa carrière en haut de l'affiche, et tourne notamment plusieurs films avec son metteur en scène fétiche : Mitchell Leisen. Après la Seconde Guerre, l'étoile de l'artiste pâlit, et elle se fait rare sur les grands écrans. En 1958, elle épouse un écrivain allemand Erich Maria Remarque, auteur de À l'Ouest, rien de nouveau, et vit en Suisse, au bord du lac Majeur. Entre des apparitions télévisées et des films tournés aux quatre coins du monde, elle voyage régulièrement entre New York et Porto Ronco en Suisse. Elle s'éteindra en 1990, après avoir fait un don de vingt millions de dollars à l'université de New York.

Désireux d'assister au tournage d'une scène du film *Le dictateur*, Odon se voit refuser l'accès des studios par les gardes de sécurité. Intriguée par le manège, et ayant entendu le nom du visiteur éconduit, la star américaine lui propose d'entrer avec elle dans les studios. Accompagné de son ami Marchal, ingénieur civil intéressé par la stabilité des grandes constructions, Odon revenait de la visite du nouvel observatoire du Mont Palomar situé à moins de 100 km de San Diego en Californie. Les deux amis assistent donc à l'enregistrement de la scène où Hitler et Mussolini sont chez le coiffeur avant de rejoindre Paulette Goddard qui était toujours persuadée de rencontrer un membre lointain de sa famille. Le rêve hollywoodien des deux amis réalisé, l'actrice part effectuer une prise de vue non sans avoir donné préalablement un rendez-vous aux deux jeunes scientifiques.

Le lendemain donc, ils se retrouvent et reçoivent deux tickets pour assister au concert du soir donné au *Hollywood Bowl*. À l'issue de cette soirée mémorable, ils apprennent par les appels des vendeurs de journaux sur le bord des routes que la France et l'Angleterre ont déclaré la guerre à l'Allemagne. Dans ses souvenirs de guerre, Odon Godart révèle : « *C'en était fini de notre belle vie de touristes insouciants. Il convenait de retourner à Boston pour faire face à toute éventualité.* » Il laisse même au studio un mot d'excuse expliquant son brusque départ, et il ne rencontrera plus jamais la belle actrice américaine.

À New Haven, les amis se séparent. Marchal rejoint l'université de Yale et Odon retourne au *Graduate House* du MIT (*Massachussets Institute of Technology*). Les recherches sur les rayons cosmiques entreprises par le mathématicien belge sont quelque peu mises de côté par manque de subsides et le doyen du MIT lui propose alors de rejoindre l'équipe qui planche sur la mise au point des radars. Cette solution permet ainsi à Odon de finaliser ses travaux sur les rayons cosmiques et de collaborer à l'effort de guerre américano-britannique. C'est alors que sa « carrière » militaire va débuter et ne se terminer qu'à la fin de septembre 1946...

La naissance de *Congo Piet*...

L'invasion de la Belgique interpelle le Farciennois qui avait laissé ses papiers militaires chez ses parents. Il se rappelait vaguement devoir rejoindre le fort de Marchovelette près de Namur en cas de conflit armé.

Cet ouvrage de défense fut le premier à subir les bombardements intensifs des Allemands. Le petit fort triangulaire, construit en 1892, faisait partie de la défense de la ville de Namur.

Soucieux de connaître la marche à suivre, Odon Godart rend visite au consul belge de Boston, un armateur irlandais. Là, il rencontre l'équipage d'un bateau de pêche ostendais qui, revenant de Terre -Neuve, attend les instructions officielles. Finalement, excédés par le manque d'organisation des relais belges aux States, Odon et les marins d'Ostende décident d'appareiller pour la Belgique le 18 mai. C'est donc en mer qu'ils apprennent la capitulation belge et ils rebroussent chemin vers les quais de Boston. La situation est bien loin de s'arranger. Une vague d'espionnite se répand rapidement dans tous les États-Unis, et le MIT se trouve ainsi dans l'impossibilité de lui proposer à nouveau une collaboration dans l'équipe de recherche des radars.

Cependant, le professeur Wiener lui offre un intérim de

deux mois et demi au collège Saint-John d'Annapolis. Fort de ses connaissances en grec ancien, l'enseignant lui propose de rédiger un commentaire au sujet des éléments d'Euclide et du traité des corps flottants d'Archimède. Une aubaine donc, mais qui ne le rassure pas...

Après cette prestation à Annapolis, Odon Godart met le cap vers la frontière canadienne. En effet, il est bien décidé à rejoindre les Forces alliées. Il arrive d'ailleurs assez facilement au camp de recrutement de Cornwall dans l'Ontario, où il est incorporé comme artilleur au début du mois de novembre. Deux mois plus tard, le commandant du camp dirige cette nouvelle recrue vers l'école de navigation aérienne où ses qualités d'astronome doivent le conduire vers la branche canadienne de la RAF.

Contre toute attente, Godart est muté dans une espèce de « camp de concentration » pour Belges où il devient sergent-fourrier. Le régime y est particulièrement strict puisque, à la demande des autorités belges, la surveillance du camp a été confiée à une unité spéciale canadienne.

Fin mai, c'est la délivrance pour un premier contingent qui rejoint par train Halifax, et est embarqué sur un paquebot à destination de l'Angleterre sous escorte de bâtiments de la Navy. La traversée est mouvementée avec des attaques de sous-marins et d'avions. Finalement, après une escale dans le Faxafjord près de Reykjavik, le convoi rejoint les côtes écossaises. Débarqués à Greenok, les soldats prennent le train pour rejoindre Malvern Wells. Là-bas, Odon échoue dans une compagnie flamande et se retrouve caporal et... facteur de l'unité !

Général Strydonck de Burkel

Pendant la Première Guerre mondiale, le major Victor Jean Clément Van Strydonck s'illustre lors de la bataille de Burkel. Précédé de deux automitrailleuses, il charge à la tête du premier régiment de guides les troupes allemandes et remporte une brillante victoire. Cet acte de bravoure est considéré comme la dernière charge de cavalerie d'Europe occidentale. En mémoire de cet exploit, il est anobli en 1937 et reçoit le droit de porter la particule « de Burkel ». En 1940, il est à Londres et se remet au service du gouvernement belge en exil.

Convoqué pour participer à une réunion des *Scientific Workers*, le « professeur Godart » reçoit une semaine de permission pour satisfaire ses obligations scientifiques. À Londres, appelé par le lieutenant-général Van Strydonck de Burkel, chef des Forces belges en Angleterre, il retrouve son ancien camarade de collège Willy Dauppe, aide de camp du général. Étonnante entrevue où un général, un lieutenant et un caporal, tous Belges, partagent le *tea-time*, en toute convivialité.

De retour à Malvern Wells, le caporal devient sergent-fourrier pour les deux compagnies et reçoit des facilités pour assister et participer à des réunions scientifiques. Mais malgré cet appui, le sergent Godart est finalement transféré à la batterie belge du major de réserve Hirsch pour... mauvais moral, et qualifié de « fauteur de troubles ».

Mais en réalité, ce transfert est loin de lui être défavorable. Le chef de cette batterie anti-aérienne située dans le pays de Galles à Llanelly demande la promotion de l'ancien sergent-fourrier à la fonction de RSM (*Regiment Sergent Major*) ce qui lui donne notamment accès au mess des officiers. Alors, tout bascule dans la vie d'Odon avec la visite du major baron Albert de Dorlodot, qui désire organiser un service météo performant au... Congo belge ! Pressenti pour l'organiser, le « pseudo » météorologiste fait tout pour retarder cet éventuel transfert vers l'Afrique, où il aurait dû apporter son aide dans le trafic militaire aérien. Une semaine plus tard, muté pour *l'Air Ministry Kingsway* de Londres, il passe une entrevue devant un parterre d'officiers de la RAF et est nommé *Pilot Officer*.

L'affectation à Stradishall en poche, une semaine de cours de recyclage à Gloucester, tout était prévu mais la persévérance du baron de Dorlodot n'en reste pas moins persuasive. Entraîné chez un tailleur militaire, Odon bénéficie à la fois d'un nouvel uniforme mais également... d'un *tropical kit.* L'idée de le muter vers le Congo belge est toujours bien ancrée dans l'esprit de de Dorlodot. Lors de son arrivée à l'aérodrome de bombardiers de *l'East Anglia*, les officiers accueillent le nouvel arrivant. Un surnom lui est généreusement octroyé: *Congo Piet*, sobriquet qui lui restera collé à la peau jusqu'à sa démobilisation des forces anglaises...

Météorologiste *on probation...*

Exerçant la fonction de navigateur ou de météorologiste *on probation,* Odon Godart opère au-dessus de la mer du Nord avec un avion de reconnaissance qui procède à des sondages réguliers. Insensiblement, *Congo Piet* prend goût à la météo et le commandement de l'unité estime judicieux de l'intégrer dans une équipe de *Short-Stirling* pour une série de missions de bombardement. Entre des opérations météo et des raids, la vie s'écoule normalement à Stradishall jusqu'au retour d'une mission au-dessus de la Rhür.

Le Stirling s'écrase au sol et le seul survivant n'est autre que le navigateur qui se retrouve à l'hôpital d'Ely où il récupère difficilement de ce crash aérien.

Sur les conseils du médecin, Odon rejoint le château d'Exning où se trouve l'état-major du troisième groupe de bombardement. Transféré et précédé de la réputation de *Congo Piet* le météorologiste rencontre le célèbre Docteur R.C. Sutcliffe qui lui propose quelques livres pour lui permettre de se perfectionner en météo. Partant d'une méprise initiale, le géophysicien va ainsi devenir un excellent météorologue, toujours harcelé par les émissaires de la section belge de la RAF qui désirent instamment le muter vers l'Afrique. Toujours en convalescence, le jeune *Pilot Officer* se met donc à étudier notamment les prévisions des vents en altitude, élément particulièrement important pour les bombardiers en missions.

Partant des observations et des calculs récoltés, une analyse isobarique est mise sur papier sur les conseils de Sutcliffe et se retrouve comme étant le « mémorandum technique n°50 ».

Bomber Harris

Depuis février 1942, Arthur Harris est promu *Marshal of the RAF* et commandant en chef du *Bomber Command.* Il est l'instigateur du bombardement moral et des raids stratégiques contre le troisième Reich. Son surnom de *butcher* ou boucher lui est donné après le meurtrier et inutile bombardement de la ville de Dresde, en février 1945. En deux jours, plus de 1 300 bombardiers ont déversé près de 4 000 tonnes de bombes. Les Américains bombardaient le jour, et les Anglais, la nuit. Le bilan humain a été terrible, et des centaines de corps ont été brûlés sans même avoir été identifiés. Cette situation explique une fourchette de victimes estimée entre 25 000 et...200 000 morts !

Gardée secrète, cette base de calcul, rédigée en 1942 par Odon Godart, ne fut publiée que lors de son éméritat en 1983... Qu'à cela ne tienne, le virus de la météo a trouvé un terrain propice et le jeune Farciennois est mis en rapport avec l'Air-Marshal Arthur Travers Harris, alias *Bomber Harris* ou *The Butcher.* Il décide de confier au nouveau *flight lieutenant* Godart les prévisions de dérive des vents pour l'ensemble des missions de bombardement sur l'Allemagne. Personne ne voulait accepter cette responsabilité. Les autorités britanniques se montrent persuasives et lui accordent une infrastructure toute proche de la salle des opérations ainsi que tout le personnel nécessaire à cette importante mission. Bien que restreint, l'état-major du *Bomber Command* est particulièrement efficace et, chaque nuit, près de 1 500 bombardiers décollent des bases anglaises pour déverser des torrents de bombes sur les grands centres industriels allemands. Tous les bombardiers volent en «*radio black-out*» absolu, et ont un besoin impératif de posséder les meilleurs éléments de navigation pour l'entièreté de leur mission.

Dans ce domaine, la prévision de la dérive due au vent est un facteur primordial et cette tâche ingrate est confiée à l'équipe du jeune Belge. Lors des raids, des Mosquitos sont utilisés comme *pathfinders* ou «pisteurs», marquant les objectifs avec des fusées flottantes. Ils sont suivis par les vagues de bombardiers qui ajustent leurs tirs dans les *fenêtres* déterminées par les éclaireurs du ciel. Un véritable modèle mathématique est établi pour chaque vol. Grâce à des cartes élaborées au niveau standard de cinq cents millibars, la dérive est facilement estimée et le cap à suivre est relevé au compas.

Quand on connaît l'efficacité des raids alliés, on peut aisément comprendre à quel point le travail de précision et de prévision des météorologues du *Bomber Command* donnait des résultats concluants. Et pourtant l'Air Marshal Harris n'avait accepté Odon Godart que du bout des lèvres reprochant même au ministère de l'Air de ne pas avoir trouvé «un bon *british* plutôt qu'un sacré étranger, un civil qui joue au militaire...»

Néanmoins, satisfait des résultats enregistrés lors des premières opérations, *Bomber Harris* reconnaît, en privé, que c'était surtout «grâce à ce *wizard* (sorcier) de Piet».

Dans la foulée, une promotion s'impose et il est nommé *Squadron Leader* fin 1942.

Le cauchemar de Nuremberg...

Pourtant, la vie de tous les jours est loin d'être sereine dans l'entourage du chef du *Bomber Command*. Le caractère emporté de l'Air Marshal Harris contribue à faire régner une atmosphère électrique.

Le raid stratégique de la nuit du 30 au 31 mars 1944 démontre incontestablement toute l'explosivité du personnage. Près de 900 bombardiers anglais, soit presque la totalité des forces disponibles du *Bomber Command* prennent la direction de Nuremberg, accompagnés par une forte escorte de protection de Mosquitos. Mais cette mission dont les relevés météo ont été rédigés et contrôlés par Odon Godart, tourne au cauchemar pour les équipages britanniques. Les bombardiers alliés essuient les plus lourdes pertes enregistrées en une seule nuit avec plus de cent appareils détruits et une septantaine endommagés.

Sur le terrain, c'est une véritable catastrophe et les zones industrielles visées sont à peine touchées en raison d'un mauvais balisage. Dans les airs, ce n'est pas mieux. Les chasseurs de nuit de la Luftwaffe s'en donnent à cœur joie malgré les Mosquitos et le retour est vraiment chaotique. À Londres, c'est l'explosion au QG du *Bomber Command* où Harris relève de ses fonctions le « responsable » du désastre et le met aux arrêts.

Mosquito

La maison de Havilland construit en 1938 un prototype de chasseur-bombardier ultra-rapide. L'appareil volait plus haut et plus vite que les chasseurs allemands qui lui étaient opposés. En version bombardier, le Mosquito portait une bombe de deux tonnes et, sur plus de 300 raids au-dessus de l'Allemagne, les Anglais ne perdent que 12 appareils. Ce bimoteur extrêmement rapide, près de 700 km/h, était puissamment armé avec quatre canons et quatre mitrailleuses situées dans le nez de l'appareil. De nombreuses versions ont été imaginées par les Anglais et notamment avec un canon antichar de 57 mm. Avec un plafond de onze mille mètres et une autonomie de pratiquement quatre mille kilomètres, le Mosquito a été un des plus beaux fleurons de la RAF.

Une enquête est rondement mise sur pied. Deux spécialistes de la météo et un Group-Captain sont désignés pour la mener à bien. Les résultats innocentent complètement le malheureux Belge qui n'aurait, en aucune manière, pu déceler un *jet stream,* un phénomène météorologique très peu connu à l'époque.

Ce courant de vent très fort, pouvant atteindre plus de 200 km/h, apparu au-dessus de vingt mille pieds était encore inconnu en 1945. Pourtant, des observations avaient été enregistrées et consignées par un savant japonais vers 1925. Toujours est-il que le « responsable » est blanchi mais personne ne s'inquiète du refus de Bomber Harris de lever le black-out radio afin de protéger ses équipages dès que l'anomalie a été décelée par Odon Godart... privilège des « grands » chefs, vraisemblablement.

Certaines sources évoquent même la possibilité d'une intervention des services secrets britanniques qui auraient utilisé une ruse particulièrement meurtrière en attirant la chasse de nuit allemande dans un pseudo guet-apens ! Ces supputations jamais vérifiées donneraient une tout autre vision des paroles lancées par l'Air Marshal Harris : « Il y a eu une fuite au *Bomber Command!* » Malgré la sanction prise et sa levée avec la mention « aucune faute professionnelle », *Congo Piet* avait compris combien il était difficile de persuader un Anglais de la loyauté d'un... étranger !

L'enquête bouclée, il rencontre Harris pour lui signifier qu'il refuse dorénavant de s'occuper des plans de navigation des missions de bombardement, et qu'il se cantonnera à l'analyse des cartes d'altitudes et des prévisions des vents.

Quelques temps plus tard, le général Morgan le convoque à Londres où il lui est demandé d'envisager les meilleures conditions pour une éventuelle ouverture d'un second front opérationnel en Europe. Cette entrevue ouvre la porte aux grandes prévisions du fameux *jour le plus long* et va ainsi contribuer directement à la gloire de ce Belge, mathématicien de formation. Odon Godart arrivera non seulement à convaincre le SHAEF de la date du débarquement en Normandie, mais en plus fondera dans l'immédiat après-guerre la Régie des voies aériennes (RVA), sera nommé maître de conférence à l'UCL et terminera sa brillante carrière en se consacrant à l'enseignement universitaire.

Vive la quille...

Dès le 11 juin 1944, Godart est convoqué à Londres, car les Belges veulent à tout prix le récupérer dès la libération du territoire national. Dès lors, il passe à la section belge de la RAF tout en restant détaché au *HQ du Bomber Command*. Son ultime mission anglaise consiste en un «écolage» de son successeur le lieutenant aviateur Drake.

Les prévisions en altitude doivent lui être expliquées endéans un mois. *Congo Piet* peut alors rejoindre le staff météo des Belges avec lequel il débarque le 31 juillet à Granville. Mais avant de quitter définitivement le *Bomber Command*, le prévisionniste du jour le plus long doit s'atteler à une dernière mission. Sur le terrain, le général Montgomery, retardé par la «poche» de Falaise, demande de l'aide à la RAF et envisage de programmer très rapidement le bombardement de cette importante résistance allemande.

Cette opération revient à Odon Godart, qui réalise également le plan d'attaque de cette opération. Le succès est tel que l'Air Marshall souhaite même lui octroyer une nouvelle promotion... Mais le temps presse, le retour en Belgique est imminent et se prépare fiévreusement. Embarqué à Portsmouth avec le matériel nécessaire, débarqué à Arromanches sur les célèbres pontons flottants, le *Squadron Leader* installe ses instruments dans un petit hangar.

André Viaut

Le météorologue André Viaut est très connu en France. Il a reçu la Légion d'honneur pour avoir contribué au succès de la traversée de l'Atlantique en avion. Les pilotes Costes et Bellonte relient La France à New York en un vol de près de trente-sept heures. Le prévisionniste Viaut a remarquablement guidé les aviateurs en ce mois de septembre 1930. Pendant la Seconde Guerre mondiale, il rejoint l'Angleterre. En 1944, les Alliés le désignent pour reconstituer en France le réseau météorologique dont il devient le premier directeur national.

Dans ce petit bled perdu de Normandie, il rencontre le futur directeur du Service météorologique français, André Viaut, et quelques-uns des météorologues français fraîchement débarqués sur le sol de leur pays. Après quelques jours de travail, les déplacements se succèdent vers Versailles dans un premier temps et ensuite vers la Belgique. L'installation d'une unité du *Transport Command* nécessite la présence du Farciennois pour le 18 septembre au plus tard.

Toute l'équipe belge quitte Versailles et les camions de Godart et de Dorlodot font escale respectivement à Farciennes et à Suarlée pour d'émouvantes retrouvailles. Quelques heures de quiétude en famille, et le retour aux dures réalités de la guerre a rapidement repris le dessus. Le rendez-vous est fixé à l'aérodrome d'Evere le 17 après-midi.

La petite unité belge s'y installe, et est rapidement renforcée par du personnel militaire anglais et américain et même quelques civils issus de l'IRM (Institut royal météorologique). Odon Godart devient ainsi le *Senior Meteorological Officer* d'Evere et couvre la Belgique, le Grand-Duché de Luxembourg, le Limbourg hollandais, la Zélande et l'Artois. Son travail débute le 21 septembre au premier étage de *l'Avia Palace* où il se retrouve être le seul météorologiste...

Entre la préparation de l'opération « traversée du Rhin » et quelques visites à sa mère, Godart peut enfin jouir d'une petite permission de deux jours dans la maison familiale de Farciennes. À peine rentré au bercail, deux représentants de la maréchaussée belge se présentent pour l'arrêter sous l'inculpation de désertion ! Incroyable Belgique qui vit encore repliée sur elle-même et n'a certainement pas vu le temps passer...

Peu avant la fin des hostilités, Belges et Anglais de l'unité météo de l'aérodrome d'Evere sont mutés dans la BAFO ou *British Air Force of Occupation*. De son côté, Godart envisage sa démobilisation après près de six années passées sous l'uniforme, plusieurs perspectives s'offrent à lui. Au fond de lui-même, un retour soit à l'université d'Harvard soit au MIT *(Massachussets Institute of Technology)* constituerait un tout premier choix, mais ses parents sont quelque peu réticents à voir leur fils repartir à l'autre bout du monde. D'autres pistes se referment, comme une intégration à l'IRM alors que le service météo anglais avait adopté sa méthode d'analyse isobarique si controversée. Nul n'est prophète en son pays...!

In fine, c'est à l'UCL qu'il est engagé comme maître de conférences avec mission d'y enseigner la météo.

Lors de la rentrée académique de 1945, il participe même au traditionnel cortège de rentrée en tenue d'officier aviateur de la RAF. Toujours sous les armes, il est amené à travailler avec le futur commodore Georges Timmermans qui s'est brillamment illustré le 6 juin 1944 en commandant la 202e flottille de LCI au large de Juno.

Ensemble, les deux hommes ont participé à l'élaboration du projet d'établir un réseau de bateaux météorologiques stationnaires dans l'Atlantique. Ils ont même réussi à acquérir un dragueur de mines pour concrétiser la participation belge à cette opération d'envergure. C'est ainsi qu'en septembre 1946, ils se retrouvent à Londres pour une conférence internationale à ce sujet. Acheminés par avion grâce à l'intervention de Godart, le retour des deux compères s'effectue par mer à bord d'un dragueur de mines qui mouillait dans l'embouchure de la Tamise.

Échange de bons procédés entre l'aviation et la marine et dernière expédition militaire pour Odon Godart qui avait bourlingué des States au Canada et d'Angleterre en... Belgique.

Ami du père du *Big Bang*...

Entré à l'UCL, Odon Godart obtient une licence de mathématiques à l'issue de brillantes études. Formé par le célèbre chanoine Georges Lemaître, ce jeune diplômé se révèle être un mathématicien de haut vol. Il voue à la fois un profond respect et une vénération intellectuelle sans faille à son mentor et sera même amené à répertorier les archives de son professeur et ami après son décès.

En effet, après les nombreuses péripéties dues à la Seconde Guerre mondiale et à son engagement dans les troupes canadiennes et anglaises, Odon Godart, démobilisé, organise le fameux Wing Météo de la Composante aérienne. Ensuite, le Service météorologique de la Régie des voies aériennes est mis sur les rails avant de rejoindre les rangs des chargés de cours de la vénérable université catholique de Leuven.

Là, il retrouve donc celui qui lui enseigna une démarche scientifique de tout premier plan. Ensemble, ils poursuivent leurs recherches sur les rayons cosmiques et la cosmologie. Avant le second conflit mondial, l'étude des rayonnements cosmiques constituait un domaine majeur de la recherche en physique, tout en demeurant mystérieuse pour bien des chercheurs. De son côté, la cosmologie, une branche de l'astrophysique qui s'intéresse à la structure, l'origine et l'évolution de l'univers, constituait un véritable pôle d'attraction pour l'érudit chanoine. Tout au long de sa carrière scientifique, Odon Godart, brillant mathématicien publie plus de cent vingt articles, cours, séminaires ou conférences. Le plus grand nombre de ces publications tourne autour de la météorologie et pourtant, son œuvre majeure sur l'emploi des coordonnées isobariques en météorologie datait déjà de l'année 1942.

À cette époque, il avait rédigé son modèle mathématique au verso de formulaires de messages de la RAF. Prévisionniste au *Bomber Command*, ce travail n'avait pas trouvé grâce aux yeux du professeur Reginal Cockcroft Sutcliffe qui « ne pensait pas que cet article contienne quelque chose qui vaille la peine d'être publié». Et pourtant, quelques années plus tard, il devra reconnaître que «sa nouvelle équation de continuité» décrite en 1947 était due à... Odon Godart!

Ponzias et Wilson

Ces deux radioastronomes de la compagnie *Bell Téléphone* travaillent sur la problématique des communications avec les satellites. Accidentellement, ils découvrent un bruit inconnu au cours de leurs observations. Entrés en contact avec deux chercheurs de l'université de Princeton, ils publient chacun de leur côté des articles sur le sujet. Le rayonnement thermique cosmologique est découvert et les deux hommes partageront un prix Nobel de physique en 1978.

In fine, ses idées avant-gardistes et ses calculs «théoriques» se révélèrent fondamentaux dans les futures méthodes météorologiques. Sa carrière scientifique et universitaire se déroula perpétuellement centrée sur les travaux du chanoine Lemaître. D'une fidélité exemplaire, il lui annonça personnellement, en 1965, la découverte du fond diffus cosmologique par Arno Allan Ponzias et Robert Woodrow Wilson. Poétiquement appelée par le savant chanoine «cet écho disparu de la formation des mondes», cette découverte confirmait le scénario visionnaire émis par Georges Lemaître.

Cette annonce fut un des derniers bonheurs enregistrés par l'illustre père du *Big Bang* qui devait décéder dans la nuit du 19 au 20 juin 1966. Les deux amis qui passèrent tant d'heures à travailler de concert à la recherche de l'origine de l'Univers ont été magistralement honorés par leurs collègues chercheurs.

L'astéroïde 7043 porte en effet le nom de Godart. Il fait partie de la ceinture principale et a été découvert à Uccle par l'astronome belge Eugène Joseph Delporte. L'ancien village de Bousval, situé dans l'entité de Genappe, a tenu également à rendre hommage à son illustre concitoyen. Depuis 2008, une plaque commémorative est apposée sur un des flancs de l'église Saint-Barthélemy et rappelle aux promeneurs le rôle essentiel du météorologue belge du *Bomber Command.*

Quant au chanoine Lemaître, il possède lui aussi un astéroïde, le 1565, mais en plus un cratère lunaire porte également son nom...

De son côté, l'Agence spatiale européenne a appelé son cinquième et dernier ATV, ravitailleur de la Station spatiale internationale, Georges Lemaître !

CHAPITRE III

Omaha Beach, 6 juin 1944, 6 h 40

Le GI Sam Dougly Youngst se souvient de cette journée mémorable :

« *Les rampes du LCI sont abaissées et je cherche à sortir de cette foutue boîte à sardines sans trop de casse. Ma première idée est de plonger dans l'eau et de me planquer le plus rapidement possible. Les Allemands nous tirent dessus avec une cadence de dingue, à croire que toutes les armes du Reich sont dans ces casemates. Mon Dieu que la plage paraît longue... L'eau et le sable sont déjà rougis par le sang de nos camarades de la première vague. Les gars du génie ont sérieusement trinqué et une bonne partie des défenses de la plage sont encore visibles. Pour une fois, je suis satisfait de mon arrivée.*

Bon, les gars d'en face ne sont vraiment pas sympathiques, mais je n'ai pas dû nager pour arriver sur le sable. Heureusement, car je ne nage pas trop bien et ce barda de merde m'aurait fait couler très vite. J'ai de l'eau jusqu'à la ceinture et je progresse lentement parmi les cadavres qui flottent dans la mer. C'est horrible !

Devant moi, un sergent est étendu, la tête explosée par un tir de mitrailleuse. Il est mort mais il va me servir... Je le pousse devant moi pour m'abriter derrière un hérisson tchèque. »

Hérisson tchèque

Ces pièces métalliques de plus d'1,50 m de hauteur font partie de la défense des plages, et sont disposées par les Allemands. Formés d'au moins trois rails d'acier croisés en leur milieu, ces hérissons sont tellement robustes que leurs extrémités peuvent perforer le fond des péniches de débarquement, et constituent des obstacles pour le matériel roulant débarqué.

« J'ai le choix avec une « asperge de Rommel », mais il faut faire vite si je veux tout simplement sauver ma peau. J'y suis arrivé : « Merci sergent, vous m'avez bien aidé... » Maintenant, j'attends avec anxiété l'arrivée des chars qui doivent nous soutenir. Ouf, ils arrivent, s'engagent sur la plage et commencent à faire le ménage. Une barge est passée à 1 m de moi et a ouvert ses portes à la « cavalerie ».

Je respire enfin un peu mieux et remercie du fond du cœur le gars qui a permis aux blindés de nous rejoindre. Pour les amener si près de nous, il devait avoir solidement planché sur ces foutues marées et la résistance de ces plages. Félicitations, mec ! Maintenant, on y va et à la grâce de Dieu... »

Hugo van Kuyck

Le 6 juin 1944, Omaha Beach est sous le feu des Allemands, et les soldats US qui débarquent des LCI subissent de très lourdes pertes. Depuis le début du débarquement, soit trois heures avant la marée haute, les troupes américaines piétinent et la résistance allemande redouble d'efforts. Tout va mal, il est quasiment impossible de s'implanter sur la longue plage et les nouveaux arrivants n'ont bien souvent d'autres possibilités que de se terrer derrière les corps de compagnons d'arme tombés dès les premières minutes de l'engagement.

Même les chars amphibies ne répondent pas à l'appel. Largués à 5 km des plages, les *Duplex Drive,* surnommés Donald Duck par les tankistes coulent les uns après les autres. Le 741e bataillon de tanks perd un tiers de ses effectifs avant même de toucher le sol français. La situation est catastrophique et avec la marée montante, les unités d'infanterie et de génie des GI sont taillées en pièce. Les navires alliés doivent se rapprocher des côtes pour pilonner les nombreux points de défense des Allemands.

Malgré les pertes énormes, la tête de pont se consolide petit à petit. Quelques minutes après cet engagement difficile, le major Hugo van Kuyck, *chief engineer* pour l'US Army, débarque à son tour à bord du LST 309. Les opérations ayant pris un peu de retard, ce Belge spécialisé dans la cartographie des plages de Normandie ne posera pas les pieds sur Omaha Beach à l'heure prévue par son ordre de mission: heure h + 45.

À bord d'un Duck de la 29e division d'infanterie, il découvre le théâtre des opérations dans le secteur de *Dog Red* , devant Saint-Laurent plage. Il est vraisemblablement le tout premier ressortissant belge à mettre les pieds sur le sol français en ce 6 juin 1944. Il rejoint ainsi les hommes de la 6e Brigade Spéciale du Génie. Au cours de cette première journée de combat, ils ont perdu quelque 25 % de leur effectif, dont leur chef le colonel Thompson, grièvement blessé au cours de la bataille. Il sera remplacé au milieu de l'enfer *d'Omaha, la sanglante* par le colonel Chase. À peine débarqué, Hugo van Kuyck commence des relevés sur toute la longueur de la plage. Il vérifie l'exactitude des infos contenues dans les cartes graphiques de l'US Army et plus particulièrement la capacité d'accueillir un trafic important de matériel lourd. Sa première expertise de la situation est clôturée vers 17 heures.

Le lendemain, après avoir fait dégager les obstacles restants sur Omaha Beach, il commande le premier LST (*Landing Ship Tank*) vers « Dog red ». Sa mission réussie, l'Anversois retourne à Londres. À l'OCE, il est chargé de poursuivre les reconnaissances aériennes, et de peaufiner la cartographie des plages où de futurs débarquements sont prévus par les Alliés.

Les missions de Hugo van Kuyck continueront le restant des hostilités, et ses compétences seront autant appréciées par les Américains que par les Anglais...

De *l'Askoy I* aux plages de Normandie...

Dessinés par Hugo van Kuyck, les plans d'un nouveau voilier, *l'Askoy,* prennent forme sur la planche à dessin de ce scientifique épris d'aventures.

En 1937, il lance la commande de ce solide voilier aux chantiers navals John Cockerill d'Hoboken. Ce sera le début d'une grande expédition dans les mers du Sud soutenue notamment par le musée royal d'Histoire naturelle, le musée du Jardin botanique et même le Fonds National de la Recherche Scientifique. L'équipage de ce bateau scientifique est rapidement trouvé avec Carl De Gryse, un jeune ingénieur agronome de la faculté agronomique de Gembloux ; un yachtman ami de van Kuyck, Rudolph Schönberg ; Robert François, un Montois formé à l'École de navigation d'Ostende et un mécanicien diéséliste, ancien du navire école *Mercator*, Oscar Paar.

Le 16 janvier 1938, le voilier appareille pour un tour du monde qui devrait durer de trois à cinq ans. Au cours de ce long voyage, des relevés marins sont réalisés pour le compte des Services hydrologiques américains. En réalité, van Kuyck recherche l'éventuelle présence de réservoirs destinés au ravitaillement de sous-marins japonais. On est en 1939 et les services secrets de nombreux pays sont déjà hyperactifs. Mais le voyage tourne finalement court et se termine au Panama dans le petit port de Colon. De là, Hugo van Kuyck planifie son retour en Europe, en passant par l'université de Yale et New York.

L'embarquement pour Weymouth (Angleterre) est prévu pour le 22 décembre et l'arrivée à quai est programmée l'année suivante, soit le 4 janvier 1940.

Partout, les conversations tournent autour de la situation catastrophique du moment et de l'évolution plus que probable vers un conflit généralisé en Europe. Cela n'empêche nullement l'Anversois de rejoindre Bruxelles où il retire son visa auprès de l'ambassade des États-Unis. Ce document lui est facilement octroyé par les services américains, afin de lui permettre de continuer sa collaboration avec l'université de Yale.

Après l'invasion du sol belge par la soldatesque teutonne, Hugo part en France. Il arrive en compagnie du vice-président du Sénat, Émile Vinck. Les deux hommes font d'ailleurs ensemble le voyage entre Paris et la ville, célèbre pour ses manufactures de porcelaines, où se trouve une partie du gouvernement belge. C'est à quelques dizaines de kilomètres de là qu'Hugo van Kuyck rencontre Max Seutens, qui avait dirigé le Commerce extérieur de la Belgique.

À Poitiers, l'hôtel de ville local abrite le ministère des Affaires étrangères qui, en ces temps de désorganisation absolue, ne sait pas comment acheminer les valises diplomatiques vers l'Angleterre. Porteur de son visa américain, marin chevronné, homme d'une réputation irréprochable, les services belges se rendent rapidement compte qu'il représente cet homme de confiance recherché depuis belle lurette. Chargé des fameuses « valises », il rejoint en voiture le port de La Rochelle. Van Kuyck embarque sur le *SS Persier* muni d'une lettre lui permettant de réquisitionner n'importe quel navire battant pavillon belge. Quittant le port de La Pallice le 18 juin, le navire de la Compagnie maritime belge (CMB) rejoint Milford Haven trois jours plus tard. Ce cargo emmène avec lui de nombreux civils et militaires anglais qui n'avaient pas pu embarquer à Dunkerque.

Sa mission menée à bien, l'Anversois reprend la mer à Glasgow afin de rejoindre les States à bord du *Ville de Mons*. Durant la traversée, il remplit les fonctions de second officier pour le compte de la SOMARAN (Société Maritime Anversoise).

La ville de Boston l'accueille le 17 juillet et c'est entre les mains de l'ambassadeur extraordinaire de Belgique Georges Theunis, ancien Premier ministre, qu'il remet les précieux documents diplomatiques.

Partagé entre l'université de Yale et le *Massachussets Institute of Technology* (MIT), il travaille également pour un cabinet d'architectes de New York. Il obtient son diplôme d'architecture le 9 juillet 1941 à l'université de Richmond en Virginie. Repéré par les dirigeants de *l'Engineer Board* de l'armée américaine, il y entre comme *Consulting Engineer* avec le grade de lieutenant, afin d'y développer une technique nouvelle de camouflage. Mais cette affectation ne plaît absolument pas au ministre de la Défense, le général Henri Jean Charles Eugène Denis, ni à Georges Theunis qui veut rapatrier Hugo van Kuyck comme caporal à l'armée belge...

Le cas de beaucoup de ressortissants belges engagés au sein de sociétés ou d'institutions américaines où leurs connaissances étaient jugées indispensables, fut finalement réglé entre les autorités US et les ministres belges Hubert Pierlot et Paul-Henry Spaak. Tous les Belges porteurs d'un visa d'immigrants aux États-Unis eurent donc la possibilité de servir dans l'armée de leur choix.

Hugo van Kuyck opte donc pour l'US Army où il était déjà opérationnel depuis plusieurs mois. Nous sommes à la mi-juillet 1942 et le Centre de Recherches du Génie lui offre la possibilité de coopérer à l'effort de guerre américain.

Pragmatisme anglo-saxon

Les Anglais comme les Américains possèdent un sens aigu du pragmatisme. Contrairement aux autres nations, les Anglo-Saxons réagissent avec énormément de détermination lorsqu'il est nécessaire et utile d'engager une nouvelle recrue de qualité. Ils offrent immédiatement à l'intéressé un grade correspondant à ses talents et bousculent ainsi une hiérarchie militaire ou civile, bien souvent encroûtée dans d'autres pays. Ils reconnaissent très rapidement la valeur de leur nouveau collaborateur et lui proposent un poste le libérant de contraintes inutiles. Ce fut notamment le cas du Canadien William Maxwell *Max* Aitken qui devint le premier baron Beaverbrook. Ce magnat de la presse, venu vivre en Angleterre, y fit une carrière politique avant d'être nommé à plusieurs postes ministériels. Il a créé le journal britannique le plus vendu entre les deux guerres, le *Sunday Express.* Le redoutable homme d'affaires est nommé ministre de la Production aéronautique (*Minister of Aircraft Production*) avant de devenir ministre du Ravitaillement (*Minister of Supply*). Dans les deux cas, ces promotions étaient essentiellement dues à ses compétences en *management.* Winston Churchill a toujours eu la grande faculté de savoir choisir ses amis et ses collaborateurs. Ce mécanisme se retrouve également actionné par les Anglais pour le Belge Odon Godart et, chez les Américains, pour Hugo van Kuyck.

Dès le 7 août, il est nommé capitaine et rejoint la Section de développement attachée à *l'Headquarter Engineer Amphibian Command* à Edward Cap dans le Massachussets. Cette unité, créée en 1942, est dirigée par le général Arthur Gilbert Trudeau, ingénieur en génie civil de l'université de Californie à Berkeley. Mais, malgré son appartenance aux forces américaines, l'Anversois conserve sa nationalité belge. Apprécié pour ses connaissances et son jusqu'auboutisme, van Kuyck développe un grand nombre de projets, améliorant les embarcations de débarquement, les armes et les communications et même les photographies de plage.

« L'emploi de lentilles colorées en photographie aérienne déterminait la nature des plages, la course et la profondeur de l'eau. Des lentilles vertes et rouges renseignaient différemment. Nous apprîmes beaucoup du premier Européen à être commissionné dans notre armée. Hugo coordonna la plupart des recherches jusqu'à son transfert à Londres en 1943. » écrit le chef de *l'Engineer Amphibian Command.*

Outre le camouflage tant terrestre que marin, Hugo van Kuyck met au point les fameux *Ducks* de la Général Motors Company. Le surnom de cet original et efficace engin amphibie vient de D : 1942 ou année de la première fabrication ; U : véhicule amphibie ; K : toutes les roues sont motrices et W : double train de roues à l'arrière. Très rapidement le DUKW 353 de Chevrolet est baptisé *Duck* ou canard par les troupes alliées. Certains d'entre eux ont même connu une seconde vie à la côte belge où, durant les grandes vacances, ils emmenaient des touristes faire une balade en mer…

En mars 1943, Hugo van Kuyck est pressenti pour un nouveau poste toujours au sein du *HEA Command*. Il est nommé officier en charge du *Mapping and Areal Photo Section.* Quelques mois plus tard, il devient major de l'US Army, et il continue à perfectionner diverses méthodes de prise de vue aériennes. Pour cela, il dispose d'équipages spécialisés en reconnaissance aérienne. À bord de leurs Spitfire aux commandes desquels on retrouve plusieurs pilotes belges, les équipages quadrillent méthodiquement les futures plages du débarquement de Normandie. En effet, Hugo van Kuyck a rejoint l'Angleterre et plus précisément le Devonshire où il a été accueilli par le colonel Paul W. Thompson, commandant de *l'Assault Training Center*.

Au cours des entraînements des troupes d'assaut, des officiers participent aux opérations. Ils étudient les nombreux problèmes soulevés par non seulement la navigabilité de ces barges à fond plat mais également des pièges creusés par les tourbillons des marées précédentes. Heureusement, l'expérience de jeunesse d'Hugo avec ses pérégrinations sur les canaux peu profonds de Hollande à bord de ses *hoogaars* lui donne une longueur d'avance sur l'équipe du colonel Thompson.

Estran

L'estran est la portion de littoral comprise entre la plus haute et la plus basse mer. Il constitue une bande de sable entre marée haute et basse.

Rapidement, il comprend qu'un des facteurs primordiaux de la réussite du débarquement consiste en une sérieuse et approfondie connaissance de l'estran où les barges accosteront. Cette bande de sable devra être exempte de pièges comme ceux rencontrés lors de l'opération *Dynamo* de Dieppe. De nombreux soldats canadiens étaient morts noyés, emportés par le poids de leur équipement dans des fosses marines non répertoriées sur les plans d'approche de leurs objectifs terrestres.

Il était vital de déjouer tous ces pièges afin de faciliter au mieux le débarquement des soldats alliés.

Malcolm Campbell

Dès la fin 1943, les Alliés avaient choisi leurs plages de débarquement, et recueillaient tous les renseignements possibles à leur sujet. La seule chose impossible à récolter sans se déplacer en Normandie consistait en des échantillons de sol. Les meilleurs plans du monde pouvaient se révéler inutiles si la structure des plages ne pouvait supporter le passage de véhicules lourds. Après une étude des archives du *British Museum*, les scientifiques britanniques constatent que les couches inférieures des plages normandes sont constituées de tourbe et d'argile. Les Romains en étaient déjà conscients et les utilisaient comme matières premières. Tous les renseignements obtenus et réunis ont permis de dresser un inventaire des endroits qui réclamaient des investigations précises. Cette mission fut confiée au major Logan Scott-Bowden, des *Royal Engineers* et à son sergent Bruce Ogden-Smith. Ils devaient arriver sur les plages et, au nez et à la barbe des Allemands, creuser le sol. Après des opérations factices à Norfolk, les deux hommes sont mis en contact avec le professeur Barnal et un célèbre pilote automobile, sir Malcolm Campbell. Il avait été proposé par Lord Mountbatten, qui savait que quand il s'agissait de récolter et de « faire parler » des échantillons de sables et de marais salants, peu d'hommes en connaissaient plus que Campbell. Ce spécialiste des records mondiaux de vitesse en voiture avait tout intérêt à éviter la moindre erreur lors des analyses du sol où il allait rouler à tombeau ouvert. Il avait conçu un appareil nommé *Rover* afin de prélever une carotte de 50 cm et de l'évacuer dans un cylindre métallique. La nuit du 31 décembre 1943, les deux commandos partent à la découverte d'Omaha et Sword. À l'analyse, les scientifiques découvrent que certains échantillons sont thixotropiques. Ce phénomène conduit certaines substances à passer de l'état de gel à l'état de liquide sous l'effet d'une légère agitation. Le général-major Percy Hobart entre alors dans le projet et invente le *Bobbin Tank.* L'engin est porteur d'un rouleau de toile épaisse renforcée de barres d'acier. Le tapis déroulé permet aux autres engins de suivre « l'ouvreur ». Le 16 janvier 1944, Odgen-Smith et Scott-Bowden reviennent en Normandie pour effectuer de nouveaux prélèvements, mais cette fois, ils ont troqué la barque contre un sous-marin de poche.

Rattaché à la 6e *Engineer Special Brigade* (ESB), Hugo est intimement persuadé que les troupes d'assaut doivent être en possession d'une cartographie précise des plages. Ces documents permettront à tous les hommes de barre de connaître à tout moment de l'opération leur position exacte et le but à atteindre. Cette vision des choses paraît primordiale pour ce marin chevronné et passionné qu'est cet Anversois précurseur dans ce domaine... Et il va tout mettre en œuvre pour que ce projet aboutisse !

Le général Omar Bradley cautionne l'idée...

La volonté de créer une cartographie sur mesure pour l'ensemble des troupes d'assaut aurait relevé de l'utopie si le colonel Thompson n'avait pas été impressionné par le raisonnement d'Hugo van Kuyck. L'idée lui paraît géniale. Il réussit à obtenir un entretien avec le général Omar Bradley qui, quelques mois plus tard, commandera le 12e groupe d'armée US lors du débarquement en Normandie.

Cette rencontre mémorable est programmée le 1er janvier 1944 et, enthousiasmé par le discours de l'Anversois, le général lui fait entièrement confiance. Bradley lui confie le commandement de l'unité cartographique de la *Beach Intelligence Section*. Tout est à faire et le travail ne manque pas à cette petite équipe composée seulement de cinq personnes. Les dernières cartes des plages normandes datent de 1940...

Le major van Kuyck obtient le transfert de deux officiers et deux sous-officiers dessinateurs avec lesquels il avait déjà travaillé aux States.

Finalement, il est amené à mettre lui-même la main à la pâte en survolant les côtes françaises, et en les photographiant. Le petit port de Courseulles constitue sa toute première escapade aérienne. Sans le savoir, les clichés de l'Anversois se retrouveront le 6 juin entre les mains du capitaine de corvette Georges Timmermans lors de son approche vers Juno Beach.

Pour mener à bien sa nouvelle mission, rien de tel qu'une solide documentation! Ainsi germe l'idée un peu folle de rassembler par voie de presse, tant en Angleterre qu'aux States, des cartes postales des côtes de France. Tous ces documents « touristiques » sont rapidement ajoutés aux prises de vues aériennes de deux escadrilles de Spitfire de la RAF. Le regroupement de tous ces renseignements et leur compilation au BIS est réalisé par une équipe qui, au fil des mois, s'étoffe et finit par compter une vingtaine de spécialistes.

Mais outre les cartes postales et les photos de la RAF, Hugo compte également sur tous les relevés effectués par d'intrépides combattants de l'ombre : les *COPPs*.

Créée en 1942 à l'instigation de lord Mountbatten, cette unité est placée sous les ordres du capitaine de corvette Nigel Willmott. Elle est essentiellement composée de kayakistes et d'hommes-grenouilles qui sont des spécialistes hyper entraînés pour les raids de reconnaissances amphibies en territoires occupés.

Basés sur l'île de Hayling proche du port de Chichester, ces hommes ont effectué de multiples missions et ont ramené de très précieux et précis renseignements complétant ainsi le puzzle des plages normandes. Pour se déplacer vers les côtes françaises et effectuer plus rapidement la traversée de la Manche, de petits sous-marins de poche partent d'Angleterre.

Jour après jour, ces équipes ramènent de précieux relevés au BIS. Ces amas de paperasses, de rapports, de photos aériennes, de messages de la résistance, sont traités par l'ensemble de la *Beach Intelligence Section* sous le sigle de la confidentialité extrême *Bigot.* Tous les membres du BIS possèdent cette qualification, nettement supérieure au traditionnel *Top Secret.* Les téléphones de ces services sont qualifiés eux aussi de *Bigot* et sont uniquement utilisés pour des communications entre ces responsables triés sur le volet. Pour les reconnaître et ne pas se tromper, ils sont de couleur verte...

Le vert, couleur de l'espoir !

Un fameux secret...

Le secret des missions de reconnaissance doit être bien gardé et les prises de vues des côtes ont été effectuées du Danemark à l'Espagne. En aucune manière, l'ennemi ne doit se rendre compte des objectifs privilégiés de l'opération. Aucun officier, aucun pilote n'a connaissance des objectifs du *Beach Intelligence Service*, hormis un plan de vol reçu le matin même.

Tout est mis en œuvre pour leurrer les Allemands, même en cas de perte éventuelle d'un des appareils de reconnaissance. La volonté première de ces aviateurs est de servir leur pays. Jamais, ils ne cherchent à découvrir la raison de leur mission. L'obéissance et la discrétion sont tout simplement les mots d'ordre de ces photographes aériens.

Pour les hommes du BIS, l'important est de définir le contour de l'eau sur le sable. Il est utile de connaître toutes les profondeurs afin de déterminer facilement les tirants d'eau maximum sur chaque plage du débarquement.

Pour faciliter le travail, toutes les images possèdent la date et l'heure précises de la prise de vue. En utilisant les tables de marées, les techniciens du service peuvent ainsi calculer le profil exact de tout le littoral normand. Et cela est bien nécessaire tant les renseignements en possession des Anglais sont anciens...

Tout le travail destiné au débarquement a été réalisé, dans un premier temps, entre le 26 mars et le 10 mai. Les ultimes corrections sont réalisées à la toute dernière minute, en fonction des dates présumées pour l'opération. Les connaissances précises du *Beach Intelligence Service* ont permis de déterminer plusieurs jours particulièrement favorables et notamment la période du 4 au 7 juin, avec des préférences pour les 5 et 6 juin. Finalement, le dernier mot revient au météorologue belge Odon Godart.

De son côté, Hugo van Kuyck a mis au point une méthode révolutionnaire pour affiner à l'extrême des résultats finaux qui seront d'un merveilleux apport dans le petit matin du jour J. L'ingénieur belge a pensé à équiper les appareils de reconnaissance de deux appareils photographiques. « Le premier fonctionne avec un filtre vert 56 et un film ordinaire tandis que le second est chargé d'un film infrarouge avec un filtre rapt 58. Il suffit de superposer les vues et les opérateurs obtiennent un contraste de qualité. » Encore fallait-il y penser...

C'est d'ailleurs au cours de ces prises de vues « superposées » que les services américains se sont rendu compte de la vétusté et des imprécisions des relevés de marées utilisés par les Anglais. En réalité, les prévisions des marées utilisées par l'Amirauté britannique étaient tout simplement erronées. Toutes les corrections apportées au cours des derniers mois qui précèdent le jour le plus long ont été l'œuvre de ce marin belge hors du commun : Hugo van Kuyck.

Pour persuader les autorités anglaises du bien-fondé des résultats trouvés par l'équipe du BIS, l'arrivée d'un spécialiste américain des *Coast and Geodetic Survey* a été nécessaire.

Cette visite, demandée par le Belge, permet de comprendre où se situe le véritable problème. En réalité, Anglais et Français utilisaient des techniques différentes et l'interprétation des données françaises par les Britanniques ne pouvaient conduire qu'à des incohérences dans les calculs. L'œil expert de l'ingénieur et marin belge fut donc nécessaire pour procurer aux Forces alliées du débarquement des cartes d'une remarquable précision. Ses connaissances de la mer ont été pour beaucoup de GIs un véritable sauf-conduit pour aborder dans les meilleures conditions possibles les plages normandes. Toutes les techniques mises au point par van Kuyck ont été pérennisées lors de futures opérations placées sous sa responsabilité technique et notamment lors des débarquements de l'île de Walcheren en Hollande, en Birmanie et à Okinawa.

Cet officier de l'armée américaine, Belge d'origine, a donc largement contribué à la libération de l'Europe mais également à la chute des derniers bastions japonais dans le Pacifique.

Son action, essentiellement scientifique, a permis d'épargner de nombreuses vies humaines et d'abréger la durée des hostilités. Il mérite incontestablement un grand coup de chapeau...

On se prépare pour le jour J...

Le SHAEF ou *Supreme Headquarter Allied Expeditionnary Force*, basé à Southwick House, a décidé de programmer le plus important débarquement du monde dans les premiers jours du mois de juin 1944. La date exacte ne sera précisée qu'après analyse des rapports météorologiques par les équipes du colonel Stagg, et plus particulièrement après les conclusions pertinentes du *Group Captain* belge Odon Godart. Mais depuis plusieurs jours déjà, les hommes du

Beach Intelligence Section savent que la fourchette prévue pour cette gigantesque opération se situe entre les 4 et 7 juin. Pour eux, les corrections des cartes sont terminées sur base des toutes dernières observations réalisées par leurs différents services. Le fameux téléphone vert *Bigot* a déclenché un véritable raz de marée, et le major van Kuyck et ses hommes éditent des centaines de cartes des côtes normandes.

Elles sont acheminées dans le plus grand secret vers les différents commandants des unités navales, qui ne pourront les décacheter avant le feu vert, donné par le commandant en chef des Forces alliées Dwight Eisenhower.

Rien que pour les plages d'Omaha et Utah, vingt-quatre profils ont été mis à jour jusqu'au tout dernier moment. Au total, plus de cinq mille cartes ont été éditées pour les unités de l'opération *Neptune*, la partie navale d'*Overlord*, avec la mention « *Developped by Major Hugo van Kuyck, Corps of Engineers, U.S. Army* » (développé par le Major Hugo van Kuyck du Corps du génie de l'armée US). Ces cartes indispensables pour toutes les opérations de débarquement indiquent aux officiers les éléments nécessaires à l'approche des objectifs imposés. Le commandant du bateau ou de l'unité de combat dispose de renseignements précis sur les bandes de mer et de terre où ils abordent et débarquent, sans oublier la plage comprise entre ces deux points. En réalité, les quelque 75 km de côtes normandes qui séparent Ouistreham de Sainte-Mère-Église ont ainsi été quadrillés, on ne peut plus précisément pour l'époque par l'équipe du BIS de van Kuyck.

Le travail de fourmis exécuté, l'heure du débarquement se précise. Dès le 3 juin, les convois de la force navale « O » se forment et se dirigent vers leurs points de rendez-vous. Mais la tempête monte en puissance et toutes les unités reçoivent l'ordre d'attendre les instructions le long des côtes anglaises. Il faut absolument détecter une accalmie.

Le message de la météo tombe enfin avec l'annonce de la décision d'Ike de déclencher l'opération *Overlord* pour ce mardi 6 juin à 6h30. La bonne nouvelle parvient à l'architecte du débarquement dans la matinée du lundi. Le LST 309 (*Landind Ship Tank*), parti de la rade de Weymouth, peut reprendre sa route pour traverser la Manche.

Il emporte dans ses flancs le major van Kuyck et les membres du *Beach Survey Party* qui ont rejoint, avec leur matériel, l'équipage de plus de deux cents marins. Ce transporteur de véhicules lourds long de 100 m peut déverser sur une plage plus de deux mille tonnes de matériel grâce à ses portes situées à l'avant du bâtiment. Vers 3 heures 30, il est déjà immobilisé à quelque 15 km de la côte. Il attend son heure pour remplir sa mission : contrôler l'état des plages et les possibilités d'y décharger des engins lourds. Lors de l'approche de la septième vague d'assaut vers Omaha, la rampe du LST 309 voit l'Anversois débarquer afin de remplir un nouveau volet de sa mission de cartographe marin. Si toutes les cartes exécutées par ses hommes avaient déjà servi lors des toutes premières vagues, un point reste encore problématique et mérite une sortie dans l'enfer de cette plage, balayée par les rafales de mitrailleuses et les tirs de canons et de mortiers.

Percy Hobard

Le général-major Percy Cleghorn Stanley Hobart est un ingénieur militaire britannique dont l'imagination fertile permet la création de blindés originaux et efficaces, répertoriés sous le nom de *Hobart's Funnies*. Obligé de démissionner de l'armée tant ses idées étaient novatrices pour l'époque, il réintègre les forces britanniques de la *Home Guard*. Winston Churchill lui confie la mission de créer des chars aux multiples facettes. Le beau-frère du général Montgomery lancera sur le champ de bataille de Normandie des engins particulièrement hors normes. En voici quelques-uns : le *Crocodile*, armé d'un lance-flammes ; l'*Avre* ou *Royal*

Vehicule Royal Engineers, doté d'un mortier de 290 mm et d'obus au napalm ; les *Bobbin* et *Fascine,* munis de matériaux permettant de rouler sur du sable mou ou de combler des obstacles naturels ; l'*Ark* et ses rampes extensibles pour former un pont ; le *Crab,* équipé de fléaux antimines ; le *DD* ou *Duplex Drive Tank*, amphibie muni de jupes ; *l'Armoured Bulldozer,* un bull Caterpillar blindé ou le *Centaur Bulldozer* , un char sans tourelle muni d'une lame de bulldozer. Tous ces *Hobart's Funnies* ont été utilisés lors de l'opération *Overlord* et de la campagne de Normandie.

Le problème crucial qui taraude l'état-major consiste en une expertise des différentes plages pour déterminer les possibilités d'y décharger en toute sécurité le matériel lourd qui doit épauler les fantassins dans leurs combats contre l'occupant. Ces nouvelles données ne peuvent en aucun cas avoir été révélées par les photos aériennes réalisées par les « chasseurs photographes » et se doivent d'être relevées sur place... Dans un premier temps, l'équipe du major van Kuyck est donc amenée à relever les emplacements de l'ensemble des obstacles disséminés sur la plage par les troupes de Rommel et à déterminer les possibilités de passages sécurisés sur l'estran d'Omaha Beach. Malheureusement, il reste encore beaucoup à faire, car les hommes du Génie des premières vagues d'assaut ont été taillés en pièces par les tirs ennemis.

Près de 90 % des effectifs débarqués sont soit tués ou blessés en moins de cinq minutes. Les sapeurs n'ont pu ouvrir qu'un seul passage en une demi-heure. Une partie des données relevées sur la plage d'Omaha seront très précieuses pour la construction du port artificiel d'Arromanches, qui servira de véritable poumon aux troupes alliées en France.

Forts de ces renseignements pris au cœur même de la fournaise, les gars du *Beach Survey Party* ont alors pu canaliser les convois marins vers des plages un peu plus « accueillantes », si l'on peut dire.

Rhino-ferry

Cette longue barge ponton transporte hommes et matériel vers les rivages français.

Le moment est alors venu pour Hugo de convoyer un des premiers bâtiments lourds vers le rivage. Un *Rhino-ferry* doit accoster dans le secteur de *Dog Red*. Mais dérivant avec un seul moteur et sous un tir de barrage d'enfer, il a toutes les peines du monde à rallier finalement avec succès sa zone d'accostage...

Rentré à Londres après le débarquement, Hugo van Kuyck contribuera encore au succès des opérations de débarquement sur l'île de Walcheren, en Birmanie pour le compte des Forces anglaises et à Okinawa, ouvrant ainsi la route du Japon.

Tout au long de sa carrière militaire, le cartographe et marin belge aura été un véritable architecte des plages, et aura largement contribué à la victoire du monde libre !

Avant et... après la guerre

La naissance du petit Hugo van Kuyck s'est déroulée sous les meilleurs auspices et l'enfant, né le 1er décembre 1902 en plein centre d'Anvers, découvre un berceau constellé d'étoiles et entouré d'artistes. Son arrière-grand-père avait côtoyé l'atelier du peintre Égide Charles Wappers. Son grand-père Frans, artiste-peintre, a été échevin de la cité anversoise durant un quart de siècle et son père, Walter, s'oriente vers l'architecture et l'ingéniorat civil.

Celui-ci épouse la fille du peintre Possemiers. Ce couple heureux, qui possédait une seconde résidence d'été à Kalmthout, eut le bonheur d'engendrer deux enfants : Hugo et Elsa. Vivant aux abords de l'Escaut, côtoyant des marins venus des quatre coins du monde, le goût de la mer et de l'aventure germe dans l'esprit du jeune garçon. Dès l'âge de

15 ans, il se lance dans la construction de son tout premier bateau : le *Zwaluw* (l'hirondelle), avec son complice Fritz Mulder. Non content de sa réalisation, ils se remettent à l'ouvrage et mettent à l'eau, à la fin de la Première Guerre mondiale, le *Zwaluw II.*

Dans les années 20, il fait l'acquisition du *Marieke* qu'il conduit bien souvent dans un bras de mer proche de la Hollande : l'Eendracht.

Conscient des dangers engendrés par une navigation sans carte marine précise, il transforme son bateau en unité de recherches et de sondages hydrographiques. Il est vrai que les dernières cartes marines utilisées dataient de plus de trente ans. Quand on connaît l'influence des marées dans l'estuaire de l'Escaut, les risques d'ensablement sont légion et aléatoires.

Au cours de ses sorties et de la confection de sa toute première carte marine, van Kuyck fait montre d'une redoutable précision et d'une efficacité hors du commun. Cette expérience acquise dans cet estuaire versatile lui servira lors de son passage à l'*Engineer Special Brigade* de l'armée américaine.

Sa passion pour la mer n'est certainement pas encore assouvie puisqu'il s'inscrit à des cours de navigateur et de patron au cabotage. Il réussit brillamment les examens et obtient ses diplômes en 1936 et 1937, quelque temps après être sorti de l'université de Gand avec son diplôme d'ingénieur civil en poche.

Jamais content, il se lance dans l'aviation et décroche en 1934 une licence de pilote privé. Entretemps, le jeune Hugo a fait un stage dans les ateliers du célèbre architecte Victor Horta, et s'est penché sur le projet du palais des Beaux-Arts de Bruxelles. Le baron architecte lui confie l'étude de l'acoustique de la grande salle de concert *Henry Leboeuf*. Après une tournée de conférences données dans les pays nordiques, l'Anversois obtient une charge de lecteur en urbanisme à l'université de Yale.

Poursuivant toujours ses études, il sort diplômé architecte de l'État de Virginie en 1942, et présente un examen de « maître en architecture ». On comprend ainsi beaucoup mieux les raisons qui ont amené les Américains à s'adjoindre les services de cet homme aux multiples talents et capacités. Cet ingénieur civil jouissait d'une réputation internationale en architecture, il professait dans le milieu universitaire, était marin, pilote d'avion et expert en photographie. À lui seul, il rassemblait toutes les qualités requises pour faire de lui le futur architecte des plages du débarquement.

Après avoir bourlingué aux quatre coins du monde au service des armées US et anglaises, van Kuyck rejoint Fort Dix dans le New Jersey où il effectue des recherches au profit des services du Génie américain. C'est là qu'un appel téléphonique annonce au lieutenant-colonel Hugo van Kuyck qu'il est devenu le Conseiller technique pour la reconstruction de la Belgique.

Cette promotion est due à la perspicacité du baron Paul Georges Marie Kronacker, ministre des Approvisionnements. Cet Anversois, ancien attaché militaire à Londres et sénateur, recherche un Belge ayant étudié aux States, connaissant les avantages et les défauts urbains, bref un homme comme cet autre Anversois attaché à Fort Dix. Sa démobilisation est demandée par les autorités belges à leurs homologues américains et est accordée en date du 6 août 1945.

La paix revenue, la reconstruction urbaine, économique et industrielle est une nécessité pour tous les pays d'Europe et notamment la Belgique. Toujours en alerte et bien souvent en avance sur son temps, van Kuyck, influencé par ses études d'architectures aux États-Unis, préconise déjà dans les années cinquante la construction d'immeubles-tours. Le concept en était simple : un socle central, où sur deux ou trois étages, on trouvait des cinémas, magasins et des galeries piétonnières. L'ensemble était surmonté d'une tour qui abritait des plateaux de bureaux. À Anvers, sa ville natale, ces projets ont été acceptés tandis que Bruxelles et son urbanisme rétrograde fait longtemps obstruction à ces idées nouvelles et quelque peu révolutionnaires pour l'époque.

Dans sa cité anversoise, van Kuyck prend fait et cause pour l'ouverture d'un tunnel sous l'Escaut, et combat l'idée d'un pont qui aurait été un véritable monstre. Mais ce travail à la fois d'architecte et d'ingénieur n'empêche pas ce marin dans l'âme de songer à cette mer qui lui avait tant donné et qu'il appréciait par-dessus tout.

Il se décide alors à construire ce bateau qui sera son dernier enfant marin : *l'Askoy II.*

Durant plusieurs années, ce beau bébé de plus de quarante tonnes emmène van Kuyck et sa famille surtout vers les mers de Scandinavie. Ce grand yawl noir a donc une destinée exceptionnelle et, si depuis 1960, il avait navigué du nord au sud et d'ouest en est, il se trouve ce 28 février 1974 sur un ber du RYCB, en attente d'une vente prochaine. Son créateur et propriétaire est déjà malade... C'est alors qu'un certain Jacques Brel répond à l'annonce lancée par van Kuyck. Au terme d'une visite et d'un déjeuner, *l'Askoy II* change de propriétaire. Le 28 juillet, profitant de la marée, le beau voilier part... pour un tour du monde en chantant !

Sauvé du sable...

Arrivé sur l'île de Hiva Oa à la fin de l'année 1975, Brel découvre les superbes paysages de cette contrée perdue. En décembre 1976, Brel décide de se séparer de son beau voilier. Il le revend à un couple de jeunes mariés américains : Lee Adamson et Kathy Cleveland. Le bateau reprend la mer avec ce couple de marins qui finira par divorcer à Hawaï et vendre l'*Askoy* à un Allemand dont on apprendra plus tard qu'il est tout simplement un trafiquant de drogue. Saisi par les autorités judiciaires des îles Fidji, le beau voilier croupit dans le port de Suva avant d'être mis en vente publique. Un journaliste de Nouvelle Zélande, Lindsay Wright, l'acquiert et décide, après quelques travaux de remise en état, de le rapatrier seul. Ce sera le dernier voyage de l'*Askoy II*. Il termine sa carrière sur un banc de sable de la *Bayly's beach,* près de Dargaville.

Échoué en 1994, abandonné au gré des marées et des bourrasques de la mer, il se transforme rapidement en épave rouillée, sans âme et... sans avenir. Pourtant à des milliers de kilomètres de là, des amoureux du grand Jacques apprennent l'existence de cet amas de ferraille totalement ensablé, et dont le nom même a été effacé par l'assaut des vagues.

La famille Wittevrongel de Blankenberge avait déjà confectionné les voiles du yawl de Brel en 1974... En 2007, Piet et Staf décident de se lancer dans un défi hors norme : le sauvetage de ce bâtiment échoué depuis quatorze ans sur un banc de sable de Nouvelle Zélande.

Pour arriver à leurs fins, les deux frères créent une association *Save Askoy II,* et partent à la recherche de fonds et de subsides. En moins d'une année, ce qui reste de ce beau voilier est enfin arraché à la bande de sable où il n'était plus qu'une vilaine coque rouillée et abandonnée.

Au mois de mai, un porte-conteneurs ramène l'épave à Ostende. En avril 2010, la coque est entièrement restaurée, et la concrétisation de ce pari fou est en vue. De nombreux bénévoles unissent leurs efforts pour reconstituer au mieux le voilier qui emmena Jacques et Maddly aux Antilles. Même en Bretagne, le projet trouve du soutien, et un lycée en charpente maritime de Plouhinec prend en charge les aménagements intérieurs. Cette restauration a pu être mise en œuvre en l'incluant dans le cadre d'une insertion sociale de jeunes sur le « Site maritime d'Ostende ».

Transféré deux ans plus tard à Rupelmonde, *l'Askoy II* reprend peu à peu forme et retrouve finalement sa beauté passée. Le dernier bateau d'Hugo van Kuyck et de Jacques Brel espère bien retrouver son élément naturel en 2014. Tous ceux qui ont admiré les deux hommes, les amoureux de la mer et des beaux voiliers, attendent avec impatience la mise à l'eau de ce bâtiment qui a réuni deux véritables passionnés de la vie et des rêves les plus fous.

D'ailleurs, l'année 2014 offrirait deux belles occasions de fêter cet événement exceptionnel : le départ du grand Jacques du port d'Anvers pour son tour du monde, et son voyage vers les Marquises, mais également le 8 avril, jour anniversaire de la naissance du chantre du plat pays...

CHAPITRE IV

Juno, 6 juin 1944, 6 heures – Commodore Georges Timmermans

À l'aube du 6 juin 44, le capitaine de corvette Georges Timmermans commande la 202e flottille de débarquement. Le LCI 525, *Landing Craft Infantry small*, son bateau de commandement, emmène la première vague d'assaut vers le secteur de Juno.

À bord des huit navires, les hommes du 48e *Commando Royal Marines* britannique sont entassés avec tout leur matériel : paquetage, vélos, radios, mortiers et mitrailleuses. L'heure est venue de démontrer combien les longues heures d'entraînement ont été bénéfiques, et que les moindres petits gestes ont une importance capitale dans le bon déroulement de cette opération.

À la vitesse de plus de quatorze nœuds soit 27 km/h, les petits bâtiments, chahutés par les vagues, s'approchent de leur cible avec une demi-heure de retard sur l'heure H, décidée par le haut commandement naval.

À la toute dernière minute, une ultime reconnaissance avait découvert des obstacles suspects devant la plage de Courseulles. La force « J » avait donc ralenti son approche.

Maintenant, la formation est disposée en ordre de bataille et fonce vers les côtes de la France. Les petits navires d'assaut avancent rapidement, poussés par des moteurs à plein régime.

Asperges de Rommel

La défense du Mur de l'Atlantique est confiée à l'Inspecteur des fortifications Rommel, qui en prend le commandement en chef en janvier 1944. Le célèbre général doit faire preuve d'ingéniosité, et imagine ces « asperges » d'un genre un peu particulier. Ces pieux en acier sont plantés dans les plages, les dunes et l'arrière-pays. Certains sont garnis d'explosifs et se déclenchent au moindre choc. Ils servent à empêcher la progression ennemie et l'atterrissage de planeurs.

Les cuirassés en soutien ont lâché leurs dernières bordées sur les défenses côtières, et les LCI ne sont plus qu'à quelques miles du rivage. Les « asperges de Rommel » sont toujours visibles et il faut foncer droit devant au mépris du danger. Tout est toujours étrangement calme... Mais, à quelques encablures de *Juno*, les canons allemands ouvrent le feu et leurs tirs font des ravages dans cette première vague qui riposte avec son armement de bord. Les « Oerlikons » de 20 mm, ces petits canons de fabrication suisse déjà utilisés lors de la première guerre, crachent leurs salves sans relâche. Afin de protéger les petites embarcations alliées, le commandant de la flottille ordonne de tirer des obus fumigènes et de se dérober ainsi à un feu précis et meurtrier. Deux des huit LCI sont malheureusement déjà touchés mais continuent sur leur erre et atteignent la terre où les hommes du 48e débarquent sous le feu ennemi. De son côté, le « 525 » poursuit sa route malgré la perte de l'homme de barre, tué net. Sur sa lancée, le bateau fracasse un obstacle qui, heureusement, ne saute pas et les cent vingt hommes entassés à bord déboulent sur la plage mortelle.

Les commandos progressent lentement. Ils consolident péniblement la tête de pont, toujours balayée généreusement par les casemates allemandes. De son côté, Timmermans constate que six de ses huit premières barges sont soit immobilisées, soit sérieusement endommagées. Cette situation ne peut en aucun cas enrayer la mécanique de ce débarquement, minutieusement préparé depuis si longtemps.

L'opération doit se poursuivre à tout prix. Il donne l'ordre aux bâtiments de la deuxième vague de prendre le relais et d'amener le plus rapidement possible des renforts. En une dizaine de minutes, les sept LCI viennent déverser les hommes de la deuxième vague et, entre les morts et les blessés, les commandos progressent sous un feu d'enfer.

Après quelques réparations de fortune réalisées par l'équipage, le « 525 » repart vers les transports de troupes, installés à quelques encablures des côtes.

Sur une mer houleuse et sous un déluge d'obus, il effectue encore cinq nouvelles rotations en plus de 10 heures. Ce n'est que le lendemain, 7 juin, vers une heure du matin, que le « patron » du LCI-525 débarque enfin à terre et se rend, avec son second, au petit village de Courseulles.

À l'issue de cette journée, l'unité du Lieutenant Commander Timmermans a perdu 22 péniches de débarquement sur les 39 engagées. Après avoir rempli sa mission, Georges Timmermans va se recueillir sur les tombes hâtivement creusées au bord de la plage de *Juno*. Les membres de ses équipages tués lors des premières heures du débarquement en Normandie reposent sur ce sol qu'ils venaient reconquérir.

En récompense de sa conduite brillante sous le feu de l'ennemi, l'Amirauté britannique promeut le commandant de la 202e flottille, le Belge Georges Timmermans, au grade de *Commander* ou capitaine de frégate. Au cours de cette journée historique, le LCI Squadron auquel appartient la 202e flottille obtient six DSC, trois DSM ou *Distinguished Service Medal*, et dix-huit citations à l'ordre du jour dont quatre à titre posthume. L'unité a été fortement décimée lors de ce tout premier jour du débarquement de Normandie, et a perdu 33% de ses effectifs...

Un marin dans l'âme...

Dans la famille Timmermans, la tradition de la mer est vraiment chevillée au corps. Depuis de nombreuses années, son père et son grand-père bourlinguent aux quatre coins du monde. Tout naturellement, à l'âge de 15 ans, cet Ostendais, né le 26 avril 1899, s'engage avec son frère André à bord du navire-école de la marine marchande *L'Avenir*, un quatre mats barque lancé à la mer le 2 mai 1908.

En 1834, la Belgique avait déjà créé une école d'aspirants à bord d'une canonnière-goélette portant le n° 11, et appartenant à la flottille de l'Escaut. Cette unité a constitué le tout premier navire-école de notre pays.

Georges Timmermans fait donc son écolage marin à bord de *L'avenir* durant toute la guerre 1914-1918. Il sert sous les commandements respectifs de Cornélis (1913-1914), Audenaerde (1915-1916) et Lauwereins (1916-1919). Le navire, bloqué au port du Havre en 1914, sert à héberger des réfugiés jusqu'en 1915.

Ensuite, *L'Avenir* reprend la mer et navigue comme bâtiment de commerce battant pavillon belge. Timmermans le quitte en 1919 avec le grade de troisième officier. Il a à peine 20 ans... Enrôlé sur le cargo *Roumanier* basé à Anvers, il sillonne les océans durant deux années avant de rejoindre les rangs de la Marine d'État de l'époque. Chemin faisant, il obtient son brevet de capitaine au long cours en 1929, et officie jusqu'en 1940 comme commandant de plusieurs malles sur la ligne Ostende-Douvres.

Malles belges

Les huit malles belges réfugiées en Angleterre ont été baptisées : *Prins Albert*, *Prince Baudouin*, *Charles*, *Léopold*, *Philippe*, *Prinses Astrid*, *Joséphine-Charlotte et Princesse Marie-José.*

À l'aube des hostilités, les Allemands et les Français ont miné la Manche, et toutes les malles belges partent se réfugier en Angleterre, pour ne pas tomber entre les mains de l'envahisseur. Mises à la disposition de l'Amirauté britannique, les bâtiments ne restent pas longtemps inactifs.

À la barre du *Prinses Astrid*, Georges Timmermans brave les bombes, et les tirs allemands lors de l'évacuation du corps expéditionnaire à Dunkerque et à Cherbourg. Ayant appareillé d'Ostende le 17 mai, la malle belge participe à l'opération *Dynamo* mise sur pied par le vice-amiral Bertram Ramsey, qui avait installé son quartier général dans une cave du château de Douvres.

Dans son exil vers Southampton, le navire du commandant Timmermans est accompagné des malles *Prince Charles* et *Princesse Marie-José*, mais également du car-ferry London-Istambul. Les huit malles belges, évadées de Belgique, seront finalement incorporées au début de 1942 dans le LSI, *Landind Ships Infantry*. Mais, dès le 20 mai 1940, toutes ces unités, avec leurs équipages belges, sont utilisées pour l'évacuation des ports français. À chaque voyage, elles emportent vers les rives anglaises près de 2 000 soldats, cernés par les troupes allemandes dans la nasse de Dunkerque. À l'issue des embarquements et de l'évacuation de soldats britanniques, français et belges, le *Prinses Astrid* revient participer à l'opération *Ariel* au large de Cherbourg, où elle embarque des troupes de la 52e division d'infanterie de Lowland, et de la 1re division blindée.

Cette opération est commandée par l'amiral William Milbourne James, et la plus grande partie des troupes évacuées est transportée vers le port de Plymouth. Là encore, Georges Timmermans, marin hors pair, arrache plusieurs milliers de soldats britanniques à la captivité, alors que son bateau a été touché par l'aviation allemande. Il se retrouve encore sur le front à Guernesey, le 22 juin.

L'île anglo-normande va être envahie par les Allemands, et apprend le matin du 19 juin que tous les enfants doivent être évacués. Dès le lendemain, le bâtiment *Antwerp* embarque à son bord plus d'un millier de passagers. Le dernier bateau à quitter l'île de Guernesey est le *Prinses Astrid* commandé par Georges Timmermans.

Le 30 septembre 1940, il conduit la malle dans le port de Plymouth où l'Amirauté la prend en charge. Moins d'un mois plus tard, soit le 24 octobre, Timmermans reprend sa place de « pacha », et conduit son bâtiment à Falmouth. Arrivé sur le sol anglais, la Belgique ayant capitulé, le commandant de la malle belge décide de rejoindre les rangs de la Royal Navy, en dépit de son âge.

À 41 ans, il a en effet dépassé la limite d'âge autorisée par les instances britanniques. Sa candidature est néanmoins prise en considération par l'Amirauté suite à l'intervention de M. Van Campenhout, le chef de cabinet du ministre des Affaires économiques. Il entre dans la RNR, *Royal Naval Reserve*, où il est commissionné lieutenant de vaisseau le 14 juillet. Il avait notamment demandé à servir avec n'importe quel grade...

De son côté, le *Prinses Astrid* participera encore à l'opération *Jubilee*, le tristement célèbre raid canadien sur Dieppe. Au cours de cette opération sanglante, disparaît le premier officier de la Marine de l'État à s'être engagé dans la *Royal Navy*, le lieutenant Victor Billet. Mais, la malle belge poursuivra son obscur travail, et participera également aux débarquements de Sicile et de Normandie, mais sans son commandant belge !

Après un passage au *Naval College* de Greenwich installé en bordure de la Tamise, Timmermans reçoit sa toute première affectation anglaise. Le 5 novembre 1941, le lieutenant-commander est affecté à une corvette de la classe Flower. Avec son nouveau bâtiment, il effectue deux escortes de convois aller-retour vers les États-Unis.

Naval College

Le *Naval College* de Greenwich a été construit fin du XVIIe siècle pour servir d'hôpital royal pour les marins britanniques. Il est appelé par les Anglais le *Greenwich Hospital* depuis 1873. Ce gigantesque ensemble architectural accueillera durant la Seconde Guerre mondiale près de 35 000 officiers venus parfaire leur formation.

Le 10 décembre, lors de son ultime voyage dans l'Atlantique, il récupère avec ses hommes plus d'une centaine de survivants de cargos torpillés. Rentré au port, il y apprend sa nouvelle affectation.

Le 6 janvier 1942, il embarque à Belfast à bord de la corvette *K193 Buttercup* avec le grade de commandant en second. Ce navire a l'honneur de porter conjointement les fanions de la Navy et de la Belgique. Au cours des sévères entraînements prodigués à la base de Tobermory, où les escorteurs effectuent un stage de lutte anti-sous-marine, Timmermans lance un défi aux autres navires. C'est à l'aviron que les différents canots s'affrontent, et l'embarcation de la *Buttercup* l'emporte à la grande fierté de son commandant. Cette unité possède une sœur jumelle, la *Godetia.* Ces deux corvettes ont eu le privilège de combattre sur l'Atlantique et lors du débarquement du 6 juin 1944, en arborant fièrement les couleurs belges et anglaises. Le *K193 Buttercup* ou « Bouton d'or », sera armé définitivement le 23 avril 1942, envoyant à la poupe le pavillon belge et la *White Ensign* tandis que la flamme de guerre est hissée au grand mât.

White Ensign

Le *White Ensign* ou *Saint George's Ensign* constitue le pavillon de la Marine militaire anglaise. La *Royal Navy* l'utilise sur ses bâtiments et également sur ses bases terrestres. Il flotte aussi sur tout navire accompagnant la reine d'Angleterre. Ce drapeau est composé d'une croix de Saint-Georges rouge sur fond blanc. L'Union Jack apparaît dans la partie supérieure gauche de ce pavillon.

Ces deux bâtiments emmènent des équipages entièrement belges et sont les seuls à battre deux pavillons parmi les soixante-sept corvettes des *Western Approaches*. Voulant à tout prix se retrouver au rendez-vous d'un possible débarquement, Georges Timmermans demande alors son transfert aux « Combined Operations » de Lord Mountbatten.

Cette structure fait partie du *War Office* britannique, le ministère de la Guerre. Conçue pour mettre sur pied des opérations de type commando sur le territoire européen.

Western Approaches

Au début de la guerre, le *Western Approaches Command* est commandé par l'amiral Martin Eric Dunbar-Nasmith. La mission de cet état-major est de veiller à la sécurité maritime à l'ouest des îles britanniques. Le QG des opérations a ensuite été déplacé à Liverpool.

Créé le 4 janvier 1942 à Troon en Écosse, *HMS Dinosaur* est le quartier général des opérations de formation pour les péniches de débarquement. Les projets réalisés par ce département réunissent toujours l'emploi combiné de forces terrestres et navales. Commandos et marins doivent se côtoyer et s'entraîner conjointement pour arriver à une symbiose totale lors de ces opérations qui permettront notamment le débarquement en Normandie.

HMS

Les noms des navires de guerre britanniques sont toujours précédés des initiales HMS pour *Her Majesty's Ship* ou *His Majesty's Ship* en fonction du sexe du souverain. Les Britanniques appliquent la même règle pour les bases terrestres de la Navy.

La corvette *Buttercup* voit notre Ostendais quitter son bord en février 1943. Tout l'équipage regrette le départ de ce commandant rigoureux et efficace.

Quelques jours plus tard, le 1er mars, Timmermans rallie Troon pour se mettre à disposition du « Combined Operations ». Dans cette base secrète de formation, il passe deux mois à se familiariser avec différents types de barges à fond plat. Durant cette période de stage de perfectionnement,

Timmermans rejoint Lamelash en mer d'Irlande, le bras de mer qui sépare l'Irlande de l'Angleterre. Il y endosse une nouvelle casquette en tant qu'adjoint du commander Gregory.

Cet officier est le responsable des flottilles de débarquement du groupe H, qui sera désigné pour conduire l'assaut de la plage *Juno* réservée aux troupes canadiennes. Toujours sur la brèche, il entraîne les équipages de la future invasion de Sicile. Près de mille neuf cents embarcations de débarquement seront mises en œuvre pour l'opération *Husky,* qui voit cent soixante mille hommes, soit plus que lors du 6 juin 1944, débarquer sur les côtes siciliennes. Ces barges sont commandées par le commander Gregory et, durant sa présence au large de Syracuse, Timmermans prend le commandement de l'unité.

Le nouveau *Training Commander* officie à ce poste jusqu'à la mi-juillet et le retour du titulaire. Les retrouvailles sont de courte durée, et une mission à Troon est programmée pour y suivre un cours d'officier supérieur avant de repartir vers Edimbourg.

Là, le 10 septembre 1943, il découvre son nouveau bâtiment : le LCI(S)525, une péniche d'assaut de cent dix tonneaux, et dont l'équipage comprend vingt hommes. Quelques jours plus tard, la 202e flottille est formée. Tout naturellement, le lieutenant commander Timmermans est nommé à la tête de cette nouvelle unité, destinée à constituer le fer de lance du débarquement sur la plage de Juno. Le futur champ d'opération étant situé sur la façade de l'Écosse située en mer du Nord, les flottilles traversent le canal calédonien pour rejoindre la base de commandos *HMS Tormentor* à Southampton.

Creusé à partir de 1804 et achevé dix-huit ans plus tard, ce canal est long de nonante-six kilomètres, et traverse notamment le fameux Loch Ness. Il relie Corpach, près de Fort William, à Inverness, et le 29 septembre les hommes de la

202e arrivent à destination. Le véritable entraînement pour le jour J débute pour les trois flottilles basées sur la rivière *Hambel*.

L'opération *Tiger*...

Déterminés à être parfaitement préparés pour le jour J, les Américains, massés dans le Sud des îles britanniques, réalisent que *Slapton Sands* constitue la réplique presque parfaite d'*Utah Beach*. En 1943, les 3 000 habitants des environs sont priés de quitter leur domicile afin de rendre secrets les futurs exercices de débarquement. De nombreuses simulations sont mises sur pied, et, dans la nuit du 27 au 28 avril 1944, l'exercice « Tigre » se prépare.

Quelque 300 bateaux et 30 000 hommes en tenue de combat sont prêts pour cette répétition générale. Mais l'exercice va tourner au drame avec l'apparition imprévue de neuf E-boats, appartenant à la flottille de Cherbourg. Les Allemands, alertés par une recrudescence du trafic radio, envoient leurs vedettes rapides vers les côtes anglaises. Deux redoutables marins allemands font partie de ces chasseurs : Hans Helmut Klose et Gunther *Corbeau* Raven. Dans un premier temps, les Allemands ne découvrent rien de suspect. Mais ils continuent leurs recherches vers le secteur de Lyme Bay où ils tombent au beau milieu de l'exercice « Tigre ».

L'attaque de ce convoi, le T4, non protégé est rapidement décidée, et c'est une véritable boucherie. Les bâtiments ennemis s'en donnent à cœur joie, et coulent deux LST chargés de troupes de la 4e Division d'infanterie américaine et de la Première Brigade amphibie du Génie. Au total, dans une pagaille indescriptible, plus de 900 militaires US sont tués ou portés disparus. Un gros souci se dessine pour l'état-major général des Alliés : dix officiers impliqués dans les plans du débarquement en Normandie font partie des « disparus ».

Jusqu'au moment de leur identification, le général Eisenhower passera de très mauvaises nuits. Le désastre de l'exercice « Tigre » souligna notamment les graves erreurs de communication entre unités anglo-américaines. Mais in fine, l'exercice se clôtura par des pertes quatre fois plus élevées que celles enregistrées lors du débarquement à *Utah Beach*...

Débarquement en vue

Marins et commandos sont soumis à de véritables répétitions générales et rien n'est négligé pour rendre aussi réaliste que possible le débarquement en France. Les troupes n'ont pas toujours le pied marin, mais qu'à cela ne tienne, les exercices ne manquent pas d'améliorer leur résistance au roulis et au tangage. Des distributions régulières de pilules contre le mal de mer améliorent quelque peu la résistance des troupes. Les conditions sont de plus en plus rudes.

Les LCI sortent souvent par très gros temps. Les équipages tout comme les commandos sont soumis à un entraînement intensif. Il faut endurcir les hommes à ce qui les attend sur les plages normandes, et on n'hésite pas à tirer à balles réelles lors des approches de la côte.

L'entraînement est poussé à son paroxysme, et depuis quelques jours, tant les équipages que les commandos sont arrivés à une cohésion parfaite. Tout le monde connaît sa partition, et attend avec impatience de connaître la date de l'opération *Overlord*. Les trois flottilles sont fin prêtes. Arrive enfin le moment de découvrir où les marins devront amener les hommes du 48e Commandos des Royals Marines du lieutenant-colonel James Louis Moulton et le 41e du lieutenant-colonel Thomas Malcolm Gray.

Devant les cartes et photos des plages prises par des équipes d'audacieux commandos et sous-mariniers, le capitaine de corvette Timmermans étudie minutieusement l'endroit. Dans quelques jours ou quelques heures peut-être, il déposera au plus près les commandos britanniques, dont il a la charge.

Le 5 juin à l'aube, les troupes d'assaut s'entassent à bord des unités de la 202e. Dans quelques minutes, l'heure de l'appareillage sonnera, et tous ces hommes partiront vers les plages de France et leur destin.

Au cours de la traversée, la mer est toujours forte et, bien qu'entraînés à de fortes houles, les barges comptent néanmoins de nombreux malades. Escortées par de plus gros bâtiments, les LCI de Timmermans se rapprochent de leur objectif, et finissent par venir s'échouer sous le tir des défenses côtières allemandes. Par les flancs du bateau, les hommes descendent, et entrent dans l'eau jusqu'à la ceinture. Les balles et les obus pleuvent. Des hommes tombent, mais d'autres commandos viennent prendre la place des morts, et la progression se poursuit malgré de très lourdes pertes. Au soir du jour le plus long, près de 50 % des hommes du 48e sont soit tués ou blessés devant Saint-Aubin-sur-Mer.

De leur côté, les LCI ont rempli leur mission et, à bord, les équipages s'affairent aux réparations les plus urgentes. La journée est loin d'être terminée. La bataille ne fait que commencer, et les hommes des prochaines vagues d'assaut sont toujours entassés dans des transports de troupes balayés par la mer au large de Juno. Le commandant Timmermans devra faire appel à un remorqueur pour désensabler certaines de ses unités et leur permettre de se remettre à flot. Il poursuit inlassablement les rotations avec son célèbre LCI-525 et, outre trois barges détruites lors du premier assaut, il déplore la perte de deux autres unités.

Un bien lourd bilan pour la 202e flottille, qui continue inlassablement ses vacations durant plusieurs jours. Néanmoins, certaines interventions sont quelque peu plus gratifiantes et le 14 juin, LCI-525 accoste le torpilleur *La Combattante,* et prend à son bord le général Charles de Gaulle, le chef des Forces françaises libres. Conduit à terre entre Courseulles et Graye-sur-Mer, il impose par sa présence sur le sol français l'autorité de son gouvernement provisoire de la République française.

AMGOT

L'occupation par les Allemands de nombreux pays européens a entraîné la chute des différents gouvernements élus par le peuple. Dès leur libération, les Anglais et les Américains avaient prévu l'installation de « gouvernements militaires de transition ». Des officiers avaient été formés à l'administration civile dans des universités américaines, ils faisaient partie du service « Affaires civiles ». L'AMGOT ou *Allied Military Government of Occupied Territories* devait assurer le fonctionnement de l'administration en attendant l'installation d'un nouveau gouvernement élu par les populations libérées. Le système fut mis en place dans plusieurs pays, mais fut rapidement contesté en France comme en Belgique. Dans notre pays, certains membres de la résistance et des ARA (Agents de Renseignements et d'Action) faisaient partie des « Affaires civiles ».

Cette démarche est destinée à contrecarrer la mise en place d'un gouvernement militaire prôné par les Anglo-Américains. L'AMGOT, Gouvernement Militaire Allié des territoires Occupés, était mort-né en France... L'après-midi de cette journée mémorable pour les Français, le LCI-525 vient reprendre l'imposante délégation française, et la reconduit à bord de *La Combattante.*

Cette plage de Graye-sur-Mer avait déjà reçu la visite de Winston Churchill le 12 juin, et recevra celle du roi Georges VI le 16 juin, mais sans le concours de Georges Timmermans.

Le 20 juin, le fer de lance de la 202e flottille conduit à Portsmouth un capitaine de frégate porteur de documents secrets. Il en profite pour effectuer des réparations urgentes avant de reprendre la mer et de rallier Juno, où les missions ne manquent pas.

Le 29 juin, au cours d'une des nombreuses traversées de la Manche, le bâtiment de Timmermans est confronté à un drame marin. Trois cargos battant pavillon américain sont torpillés par un U-Boot. Pendant le naufrage, la péniche de débarquement parvient à transborder sur son pont une trentaine de blessés graves. Elle file à toute vitesse vers Portsmouth où les naufragés seront soignés. De retour sur le front et notamment à *Juno Beach*, il reste à disposition de l'Amirauté avec son LCI-525 jusqu'au 28 juin.

Après la guerre…

La volonté de servir au mieux son pays est toujours bien ancrée chez le nouveau Commander ou capitaine de frégate Georges Timmermans.

Pour sa brillante conduite sous le feu ennemi le 6 juin 1944, il a non seulement reçu une promotion, mais s'est vu attribuer une DSC, la célèbre *Distinguished Service Cross*, la troisième plus haute décoration militaire attribuée aux combattants de l'armée anglaise.

Vers le 15 septembre, Georges Timmermans embarque à Southampton, et touche terre à *Utah Beach.* À l'aube du 20 septembre, il constitue une colonne motorisée pour rejoindre Bruxelles via Paris.

Il rentre en Belgique le 23 septembre, et y est nommé adjoint de l'amiral Hutton en tant que représentant de la section belge de la Royal Navy. Il fait ainsi partie de l'état-major du SHAEF à Bruxelles, installé au boulevard du Régent. Au cours de cet immédiat après-guerre, il utilise toute sa persuasion et ses compétences pour favoriser la création d'une Force navale belge. L'attente ne sera pas bien longue. Un arrêté du régent, daté du 30 mars 1946, réalise ce rêve caressé par le premier commandant du « Corps naval », qui prend rapidement l'appellation de « Force navale belge ».

Cet arrêté, signé par Charles de Belgique, met donc sur pied un corps naval belge composé de tous ceux qui avaient servi dans la section belge de la Royal Navy durant les hostilités. L'article premier de ce document stipule : « À partir du 1er février 1946, la section belge de la Royal Navy constituera la Force navale avec les volontaires et les miliciens désireux d'y servir. »

L'embryon de l'actuelle Composante navale de nos Forces armées avait pu compter sur la générosité de l'Amirauté anglaise qui a laissé à la Belgique une série de bâtiments qui comprennent notamment ; deux avisos, rebaptisés le *Zinnia* et l'*Artevelde*.

Artevelde

La construction de l'aviso *Artevelde* a été lancée par la Belgique fin 1939. Capturé par les Allemands lors de l'invasion de 1940, il est achevé par la Kriegsmarine quelques mois plus tard, et sert de canonnière sous la dénomination de Kanonnenboot n°4 ou K4. Ensuite, il est converti en escorteur, et porte le nom de *Lorelei.* Récupéré par les Anglais, il est rendu à la Belgique, et reprend son nom d'*Artevelde.*

Ce dernier avait fait office de navire porte-drapeau du grand-amiral allemand Karl Dönitz pendant la guerre 1940-1945.

Durant les hostilités, celui qui fut désigné par Hitler comme son successeur à la tête du IIIe Reich, avait commandé la flottille d'U-Boot de la Kriegsmarine.

À côté de ces avisos, les Belges alignent onze dragueurs de mines de type MMS, les fameux *Mickey Mouse* ; deux navires d'assistance aux dragueurs, des MFV ou *Motor Fishing Vessel* ; un navire baliseur : le Barcock (Z177) de la classe Bar*;* un navire de démagnétisation : le *Diana-Lucie;* deux bateaux-pilotes, un remorqueur et un navire stationnaire : le *Princesse Marie-José,* ancienne malle de la ligne Ostende-Douvres.

MFV et Barcock

Les MFV sont de petits bateaux de pêche en bois faiblement armés. Une seule mitrailleuse et un équipage réduit de quatre à six hommes.

Le Z177 Barcock est un navire de la classe Bar pour barrage. Ces bâtiments servaient à la défense anti-sous-marine. Ils servaient à poser des barrages de protection dans les ports. Il a été utilisé par la Force navale comme câblier et bateau-baliseur. L'équipage comptait trente hommes.

Durant neuf années, le premier commodore belge exerce également la fonction de commandant du Corps naval à Ostende et celle de commandant militaire de la province de Flandre occidentale de 1952 à 1955. En 1946, Georges Timmermans est nommé aide de camp du prince Charles, régent du royaume de Belgique. Il prend sa retraite le 31 mars 1955 tout en restant toujours actif dans la vie publique.

Titulaire de nombreuses distinctions honorifiques comme la *Legion of Merit* (USA) et la Légion d'honneur (France), il s'éteint dans sa ville natale le 5 avril 1969.

CHAPITRE V

Squadrons belges – Friston, le 4 juin, dans la soirée...

Après une journée d'opérations, le Wing Commander Don Kingaby et le Squadron Leader Michel Donnet se retrouvent dans la chambre qu'ils partagent au casernement. Les deux hommes discutent avant de s'endormir, et le Londonien annonce, sous le sceau du secret : « *It should be tomorrow... Top secret !* ».

Depuis plusieurs semaines déjà, les pilotes de l'escadrille belge s'interrogent sur la date d'un débarquement que tous attendent avec impatience. Nous sommes le 4 juin. Si l'espoir de participer à une opération de ce type est immense, le temps exécrable et la tempête qui secoue l'Angleterre ne paraissent pas vraiment favorables à un tel déploiement de forces. Néanmoins, Mike Donnet, commandant du 350e Squadron, croit en cette confidence qui se révèlera exacte, mais avec une journée de retard.

En effet, la confirmation de ce secret jalousement gardé ne sera effective que le lendemain soir au cours d'un briefing des leaders des Wings de la RAF. De retour à Friston, Kingaby, l'homme aux vingt victoires et aux trois *Distinguished Flying Cross*, convoque les trois escadrilles basées sur ce petit aérodrome herbeux du Suffolk.

Le rendez-vous est fixé à vingt heures et pendant deux heures, il livrera à ses hommes les directives à respecter lors du jour le plus long. Vers 21 h 30, un ordre parvient à l'escadrille, et les mécanos doivent peindre des bandes blanches et noires sur le fuselage et les ailes des Spitfire. Cette marque constituera un signe distinctif de reconnaissance pour tous les appareils alliés. Dès l'aube, les pilotes prendront l'air et devront atteindre les plages normandes avant les troupes terrestres. Les ordres sont formels : s'assurer la maîtrise du ciel, et empêcher à tout prix la Luftwaffe de venir perturber l'opération *Overlord.*

La nouvelle de la date de l'invasion de la France est accueillie sous un tonnerre d'applaudissements. La joie des pilotes belges est indescriptible, et nul ne doute que, dans les quartiers des 175 escadrilles de chasse qui participeront à ce débarquement hors norme, l'ambiance soit également survoltée.

Chacun s'en retourne vers sa chambrée, et tente de trouver le sommeil. La douceur de cette nuit est soudain envahie par le bruit de formations de Dakota et de transporteurs de troupes aéroportées, qui doivent entrer en contact avec les Forces d'occupation dès leur arrivée au sol. Ces parachutistes sont les tout premiers à poser les pieds sur le sol français. Anglais et Américains unissent ainsi leurs efforts pour prendre d'assaut les ponts, et couper toutes tentatives de contre-attaques allemandes.

L'opération *Overlord* peut commencer...

Pour le roi et la Belgique...

Depuis plusieurs heures déjà, les bombardiers lourds de la RAF pilonnent le fameux Mur de l'Atlantique dressé par l'organisation Todt, cette grande machine du génie civil et militaire allemand. Des dizaines de milliers de tonnes de bombes sont déversées sur toutes ces défenses côtières minutieusement répertoriées et identifiées par les escadrilles de reconnaissance.

Dans quelques heures, ce sera la puissante artillerie de marine de l'armada alliée qui parachèvera le travail. Chaque bombe, chaque tir au but, épargnera des dizaines de vies humaines, et facilitera la tâche périlleuse des fantassins qui devront franchir l'interminable estran normand. Mais à 4 h 30, de l'autre côté de la Manche, l'effervescence est à son comble, et tous les pilotes qui font partie des premières patrouilles, enfilent déjà leur parachute et se préparent à décoller vers la France.

Mike Donnet crie: « Pour le roi et la Belgique! » Les moteurs tournent, les mécaniciens enlèvent les sabots placés devant les roues des Spitfire, saluent d'un geste amical « leur » pilote, et croisent les doigts... Dans un vrombissement de moteurs, les chasseurs s'élèvent dans le ciel, et se regroupent rapidement en formation. Très vite, les plages normandes apparaissent, et les batteries de DCA, qui n'ont pas été touchées par les bombardements, se déchaînent. Qu'à cela ne tienne, la mission de la 350e se déroule normalement, et avant de rallier l'Angleterre pour refaire le plein, les gars de « Mike » Donnet sont rejoints par leurs collègues et amis de la 349e. Eux aussi doivent patrouiller sur la zone de débarquement, et veiller à protéger les troupes au sol de toute attaque aérienne.

Mais dans les premières heures du débarquement, les pilotes des chasseurs restent sur leur faim. Ils ne peuvent pas en découdre avec des Allemands étonnamment absents du ciel normand. Même si la chasse ennemie n'est pas présente, il y a suffisamment de boulot à terre... Ce n'est que dans l'après-midi qu'une section de la 349e rencontre des Junkers Ju 88 ou Stuka, ces fameux chasseurs bombardiers en piqué allemands.

Beaucoup moins rapides que les Spitfire, ils sont cueillis par le groupe de « Gaby » Seydel alors qu'ils attaquent les ponts de l'Orne. Le bilan de cette féroce empoignade est extrêmement positif pour les pilotes belges, qui comptabilisent deux bombardiers détruits et trois sérieusement endommagés.

Les rondes de surveillances des Squadrons belges continuent toute cette longue journée et, un peu avant minuit, les Spitfire de la 350e retrouvent le plancher des vaches à Friston. Mais il n'y en avait pas que pour les deux escadrilles sœurs. De son côté, la 609e prenait également part à cette journée mémorable.

Avec ses fameux Hawker Typhoon, l'escadrille attaque notamment une importante station radar allemande, et paralyse ainsi la détection des avions alliés. Cette intervention contribue à l'absence d'avions allemands dans le ciel de Normandie lors du premier jour du débarquement. Au cours d'une autre mission, la 609e se rue à la recherche de colonnes de blindés, qui faisaient route vers le front et tentaient de procéder à une contre-attaque. Toutes les voies principales de communication de la région de Lisieux se sont ainsi retrouvées sous le feu des roquettes de cette escadrille considérée comme la plus efficace des formations volant sur Typhoon.

Elle sera bientôt commandée par un pilote belge, Louis Emmanuel Geerts, dit « Manu ». Au plus fort de la campagne de Normandie, ce commandement récompense sa valeur au combat, et comble d'aise ses co-équipiers belges Paulo Cooreman, André Blanco, Georges Jaspis et Georges Watelet. Nos cinq compatriotes participeront également à la réduction de la fameuse poche de résistance allemande de Falaise. Cette première journée de la reconquête de l'Europe se solde par un bilan positif pour les aviateurs belges engagés dans cette vaste opération *Overlord*.

Le lendemain du jour le plus long, les dix-huit escadrilles de Typhoons sortent malgré un plafond très bas. Elles sont engagées pour détruire les convois ennemis qui convergent, par route ou par rail, vers le théâtre des opérations.

La septième armée allemande enregistre de très lourdes pertes, non seulement en chars, mais également en charrois motorisés. Les missions se poursuivent à un rythme effréné. Bien souvent les Spitfire des 349e et 350e voient régulièrement les chasseurs allemands se dérober, et se camoufler dans les nuages. Pourtant, plusieurs duels ont lieu dans les airs et malheureusement, des pertes sont recensées dans les rangs des chasseurs belges. La 350e perd ainsi un des siens Albert Herremans dont l'appareil entre en collision avec un bombardier américain Marauder.

Albert Herremans

Albert *Bertje* Herremans (1916-1944) est *Flight Officer* à l'escadrille belge 350. Le 8 juin 1944, le Spitfire MK VB, immatriculé BM363 MN-G, entre en collision avec un appareil de l'USAAF. Les deux équipages sont morts sur le coup.

Au jour J + 4, la 349e escadrille reçoit l'ordre de se poser sur un terrain aménagé en Normandie. Elle est la toute première formation de la RAF qui découvre l'aérodrome de campagne B3 situé à Sainte-Croix-sur-Mer. Ce terrain servira de base à plusieurs escadrilles anglaises du 10 juin au 4 septembre 1944. Cette piste construite par les unités du génie de la RAF a permis aux chasseurs de multiplier leur nombre de missions dans des proportions importantes. En effet, le ravitaillement local des avions au B3 (B pour britannique) n'oblige plus les appareils à retourner en Angleterre pour y faire le plein.

Durant le mois de juin, les hommes de *Mike* Donnet comptent à leur actif quelque 1 192 heures de vol au-dessus des têtes de pont et des zones reconquises en Normandie. Quatre jours plus tard, c'est au tour de la 609 de se poser également sur le sol français.

Les unités « belges » de la RAF quitteront les côtes normandes à la fin du mois de juin et la 350e touchera une nouvelle génération de Spitfire.

Ils attendent leurs pilotes sur la base de Westhampnet, près de Tangmere, après l'accord obtenu par le ministre belge Camille Gutt auprès de sir Archibald Sinclair, secrétaire d'État à l'Aéronautique. Quant aux gars de la 349e, ils rejoignent le terrain de Coolham. Le 17 juillet, les mécaniciens de la 609 de Manu Geerts arrivent en Dakota au nouveau terrain B10. Normalement, l'escadrille doit également atterrir, mais les forces allemandes sont toujours bien présentes dans les environs de Caen.

L'artillerie ennemie bombarde cette nouvelle implantation de la RAF, et les retrouvailles entre mécanos et pilotes doivent attendre quelques jours. Le lendemain de l'arrivée à pied d'œuvre du staff des mécaniciens, les Allemands contre-attaquent, et arrivent à moins de 2 km du B10.

L'évacuation est ordonnée, et les Squadrons 198 et 609 se retrouvent cantonnés à Crépigny sur le terrain B7.

Quelques jours plus tard, un groupe de huit Typhoons attaque, et détruit un état-major ennemi. Manu Geerts est à la tête de la mission...

Dans la tourmente...

Dès avant l'invasion allemande du 10 mai 1940, les autorités belges, françaises et anglaises connaissaient les plans d'invasion des Allemands. Depuis quatre mois déjà, un major a été arrêté sur notre territoire à la suite d'un atterrissage forcé. Il portait sur lui des documents de la plus haute importance, qui révélaient une offensive imminente en Belgique et une violation de sa neutralité. Pourtant, aucun état-major allié ne prit la chose vraiment au sérieux. Au contraire, des ordres ont été transmis aux commandants des escadrilles de chasse de désarmer les mitrailleuses des appareils « pour ne pas permettre des attaques intempestives des Belges... »

Le Plan jaune

Le 10 janvier 1940, un avion de liaison Messerschmitt Bf 108 Taifun s'écrase à Vucht près de Maasmechelen. Deux majors allemands sont à bord de l'appareil : Helmuth Reinberger, responsable de l'organisation du ravitaillement de la 7e division aérienne et le pilote Hoenmans. Reinberger transporte une serviette contenant les plans de l'invasion de la Belgique, des Pays-Bas, de la Hollande et de la France : le *Fall Gelb* ou Plan jaune. Il décide de bouter le feu aux documents, et demande même des allumettes à un ouvrier agricole belge. Les deux officiers allemands sont arrêtés par deux gardes-frontières belges intrigués par la situation.

À quelques mois du début de la Seconde Guerre mondiale, dans cette atmosphère lourde, où tous les coups et mensonges sont permis, une telle attitude est tout simplement suicidaire. Malgré le courage déployé par les aviateurs belges qui, avec des appareils surclassés face aux robustes avions du régime nazi, accompliront près de 150 missions, et compteront une douzaine de victoires confirmées, la bataille est trop inégale. Dès le premier jour de l'agression allemande, 136 avions sont cloués au sol par l'ennemi.

Si après la campagne des 18 jours, les trois escadrilles encore restées en Belgique sont toujours capables de voler, les autorités militaires belges ordonnent de saboter les appareils.

L'ensemble du personnel au sol et des pilotes reçoit l'ordre formel et militaire de demeurer sur place et d'attendre l'arrivée des troupes allemandes pour être désarmés. Les candidats au départ vers l'Angleterre ou la France sont interdits « d'évasion » sous peine d'être traduits devant un conseil de guerre, et menacés d'une condamnation pour... désertion !

Plusieurs fois, le lieutenant-général Denis, ministre de la Défense, empêchera toutes velléités de ce genre, et les trois malheureuses escadrilles, qui demeuraient opérationnelles, ont été laissées sur des aérodromes de la côte belge. Pourtant, quelques jours avant la capitulation, il avait été question de transférer avions et personnel vers la Grande-Bretagne.

Incroyable revirement de situation, l'idée d'un « transfert » est tout simplement abandonnée avec pour conséquences le sabotage des avions sur ordre, et un nouveau contingent de prisonniers. Après la drôle de guerre vient le temps du double langage ! Michel Donnet souligne dans son livre *Les aviateurs belges dans la Royal Air Force* que les termes de la capitulation « *stipulent que les armes doivent être déposées.* » Mais il n'est pas dit que celles-ci doivent être remises aux Allemands, pas plus que le matériel. Or c'est ce qui se passe !

Plusieurs questions restent en suspens : d'un côté, les autorités militaires approuvent le départ à Dunkerque de deux officiers aviateurs de l'état-major de la DAT (Défense Antiaérienne Territoriale), et par contre, empêchent les pilotes et mécaniciens de rejoindre les îles Britanniques. Les Français promettent des avions pour renforcer les escadrilles belges, mais ils n'arriveront jamais. De leur côté, les Belges leur permettent d'utiliser des moteurs évacués, et mettent à leur disposition leurs staffs techniques. Les Britanniques proposent eux aussi une mise à disposition des pilotes belges d'appareils de combat. Ils posent comme seule condition : le personnel navigant et les mécaniciens doivent rallier leurs bases afin d'y suivre un écolage dispensé par la RAF.

Là encore, le ministre de la Défense refuse, et pourtant, il proclame le 10 juin : « La lutte continue aux côtés des Alliés et jusqu'au bout pour retrouver une Belgique indépendante. » Magnifique rodomontade qui n'est suivie d'aucune décision. Au contraire, les escadrilles évacuées vers le territoire français restent sur place, et tombent entre les mains de l'envahisseur lors de la signature de l'armistice du 24 juin.

Triste sort réservé à ces vaillants combattants et imposé par le ministre Henri Denis. Ce dernier signera même le 15 août 1940 un ordre du jour à tout le moins ambigu dans lequel il affirme : « avoir fait tous ces efforts pour hâter votre retour en Belgique. Votre prochaine rentrée au pays se fera dans l'ordre et la dignité. Vous serez ainsi récompensés de votre fidélité à vos devoirs. Je resterai parmi vous jusqu'à ce que le dernier soldat belge ait quitté la France et je forme des vœux pour votre heureux retour. »

Ce texte était adressé aux officiers, gradés et soldats belges, et a été établi à Villeneuve-sur-Lot. En réalité, cet « heureux retour » se terminera dans des stalags allemands. Les Français ne seront pas en reste, et remettront aux Italiens des appareils de la Sabena, après leur avoir interdit de rejoindre le Congo. Et avant la « réunification » de la France sous la botte nazie, les autorités de Vichy mettront tout en œuvre pour endiguer le transit des « évadés » belges. Nombre d'entre eux seront arrêtés pour « vagabondage ». Menacés d'être remis aux autorités allemandes, ils préfèreront s'engager à la Légion étrangère. Ensuite, ils rejoindront les Forces belges en Angleterre, et serviront soit dans les forces spéciales ou au sein de la Brigade Libération ou Piron.

Michel et Léon, vol vers la liberté

Dès 1938, deux jeunes élèves pilotes se trouvent réunis par un même idéal à l'école de Wevelghem. Léon Divoy et Michel Donnet terminent brillamment leur apprentissage le 26 mars 1939 avec, en poche, leur brevet de pilote militaire. Ils font partie de la 77e promotion d'élèves pilotes dont vingt membres rejoindront plus tard la RAF. Le destin les sépare, et ils entrent en service dans des escadrilles d'observation, l'un à Tirlemont et l'autre à Bierset.

La campagne des 18 jours se termine tristement pour les deux hommes. Le 1er juin, Michel Donnet est fait prisonnier à Liège, et est libéré sept mois plus tard pour lui permettre de rejoindre l'université. De son côté, Léon a été évacué en France, où il attend, avec son unité, l'arrivée de nouveaux avions promis par les Français et ensuite les Britanniques. Même séparés, les deux jeunes pilotes n'ont qu'une idée en tête : reprendre le combat et rallier la Grande-Bretagne. Désireux de rejoindre leurs amis qui ont enfreint les ordres, et font déjà partie de la RAF, ils échafaudent un plan pour s'évader de cette Belgique humiliée par l'occupant.

Léon Divoy possède bien un moteur d'avion, mais il faudrait construire, dans le plus grand secret, un prototype qui devrait être capable de rallier les îles Britanniques dès son tout premier vol. Cette idée est tout simplement irréalisable.

Le plan est insensé, mais au cours des discussions au sein de ce groupe d'irréductibles, ils apprennent la présence d'un avion appartenant au baron Thierry d'Huart dans un château de Notre-Dame de Bonne Odeur. Plusieurs expéditions de reconnaissance sont menées vers ce bel oiseau blanc, qui symbolise tout simplement la liberté aux yeux de ces deux intrépides.

Plusieurs problèmes sont décelés : le hangar jouxte un état-major allemand installé dans le château, des clefs sont nécessaires pour ouvrir porte et cadenas et, les instruments de bord ont été retirés de l'habitacle de l'appareil. Tous ces « détails » n'entament pas le moral des deux amis qui comptent bien utiliser ce Stampe SV 4bis pour rejoindre les îles Britanniques.

Cet appareil a été conçu par deux ingénieurs belges Jean Stampe et Maurice Vertongen, d'où le sigle SV. Ce petit biplace et biplan d'entraînement n'est certainement pas très rapide, mais sa maniabilité est extrêmement bonne. Avec cet engin, il sera possible d'exécuter un aller simple pour... Cambridge.

Mais avant de pouvoir réaliser ce rêve, il y a encore du pain sur la planche, et les problèmes restent nombreux. Ils ne paraissent pas insurmontables pour les deux amis, qui se partagent les tâches : Léon s'occupe des instruments de bord, et Michel doit trouver quatre-vingts litres de carburant. Pour ce faire, tous les amis leur viennent en aide : Marc, le jeune frère de Michel ; les frères Valcke ; Robert Voss et même un ami pharmacien de Léon.

Si tout va pour le mieux en ce qui concerne les instruments de bord, il n'en va pas de même pour le carburant qui, en 1941, est rationné. Toujours à la recherche du précieux liquide, Léon Divoy entre en contact avec un capitaine aviateur de réserve : Lucien Jansen. Finalement, cet ingénieur chez Distrigaz leur procurera une centaine de litres d'essence savamment distillée à partir de carburant pour camions. Tout le puzzle se met en place et les nombreux allers et retours n'ont toujours pas inquiété les sentinelles allemandes, qui se trouvent pourtant à moins de 400 m du hangar et du Stampe blanc.

Finalement, tout est prêt. Lucien Jansen, actif dans la résistance, remet aux deux compères des documents secrets pour les transmettre à Londres. Le départ est prévu pour la nuit du 4 au 5 juillet. Il aura fallu plus de six mois à toute l'équipe pour fignoler une des plus rocambolesques évasions de Belgique. Les deux aviateurs ont décidé d'endosser leur uniforme pour effectuer ce voyage hors du commun. Camouflés dans de grands imperméables, ils rejoignent le hangar, d'où ils ont décidé de sortir l'avion à 2h30. Le temps de chasser les vaches du pré, et l'heure fatidique est déjà là. Une dizaine de minutes plus tard, l'émotion est à son comble, et les deux amis jouent les filles de l'air au nez et à la barbe d'un état-major allemand tout proche.

Vers 5h20 du matin, l'avion piloté par Divoy se pose dans un champ à Thorpe-le-Soken, un petit village tranquille de l'Essex. Les « évadés » rejoignent le bureau de police, accompagnés par un fermier, et sont transférés en fin d'après-midi à la *Patriotic School*. Durant trois jours, ils sont interrogés sur cet incroyable périple, et rejoignent ensuite les autorités belges de Londres.

Patriotic School

Dès 1940, cet ancien collège pour enfants d'officiers a été transformé en un véritable « centre de triage ».Le MI5, célèbre service de contre-espionnage britannique, y interroge les candidats à l'entrée au pays de Georges VI. Des officiers de l'Intelligence Service posent questions sur questions sur l'identité de l'impétrant, ses habitudes, ses relations, ses origines, son parcours d'évasion. Tout est soigneusement consigné, et les services de renseignements effectuent tous les recoupements nécessaires avant d'autoriser officiellement l'entrée sur le sol britannique. Ces contrôles particulièrement poussés sont mis en place afin de découvrir d'éventuels espions allemands ou des étrangers à la solde des régimes fascistes ou nazis.

Un message envoyé par la BBC rassurera les familles de ces deux héros, qui combattront côte à côte au sein du Squadron 64 de la RAF. Ils avaient réussi leur pari, et ils se distingueront dans le ciel de la Manche jusqu'au jour où Léon Divoy, heurté par un avion ami, devra sauter en parachute au-dessus du Nord de la France, dans les environs de Boulogne. La jambe fracturée, il sera fait prisonnier. Un mois après ce tragique accident, les équipiers du 350e apprennent que Léon, récupéré par les Allemands, séjourne dans le Stalag Luft III. Il y restera jusqu'au mois de mai 1945.

Stalag Luft III

Ce camp relevait uniquement de la Luftwaffe, et accueillit quelque 11 000 prisonniers de toutes nationalités. Situé à Sagan, en Pologne, il a été le théâtre d'une spectaculaire et tragique évasion immortalisée par le film culte *La grande évasion.*

De son côté, Michel Donnet dit *Mike* se taillera une solide réputation au sein de la RAF. Il commandera dans un premier temps le Squadron 64 qui l'avait accueilli au début de sa carrière « britannique » avant de passer à la 350e escadrille belge. Il en prendra le commandement, et sera présent à sa tête lors du débarquement du 6 juin en Normandie...

Les Squadrons « belges »

Sir Archibald Sinclair, commandant en chef de la chasse britannique, participe à la cérémonie officielle de la création d'une nouvelle escadrille à Northolt. Cette base de la RAF, située à l'Ouest de Londres, accueille donc, ce 12 février 1942, tout le gratin des autorités alliées.

La journée est magnifique pour les couleurs belges puisque cette nouvelle unité qui porte le n° 350, Ambiorix, compte uniquement des pilotes belges. Depuis deux années déjà, ces « rebelles » ont rejoint les rangs de l'armée de l'air anglaise, et se sont notamment illustrés lors de la bataille d'Angleterre.

Disséminés dans de nombreuses escadrilles, ils sont enfin regroupés dans une unité distincte. Néanmoins, les Anglais sont encore prudents, et placent à la tête d'Ambiorix un vétéran : le Squadron Leader Thompson, déjà titulaire d'une DFC. Côté tradition, la « 350 » se voit confier la garde de l'étendard du 2e régiment d'aéronautique militaire.

Deux mois plus tard, la formation est équipée de nouveaux Spitfire V obtenus grâce à des fonds récoltés au Congo belge. Elle se distinguera notamment lors du raid sur le port de Dieppe.

L'histoire du Squadron 349 est assez étonnante. Cette escadrille belge voit le jour au Nigéria sur la base d'Ikeja, où un groupe de dix-huit pilotes débarque avec son Squadron Leader Malengrau.

Créée le 10 novembre 1942, elle a pour mission d'effectuer des patrouilles de défense locale notamment au-dessus du Congo, et d'escorter des appareils de la *Désert Air Force*. Malheureusement, elle est dissoute en mai 1943, et est reformée en Angleterre un mois plus tard. L'aérodrome de Collyweston-Wittering accueille la 349 et ses Spitfire Supermarine V. Après un entraînement d'usage, elle devient opérationnelle trois mois plus tard, et est lancée dans des opérations d'escorte de bombardiers et des patrouilles de surveillance.

Junker 88

Le Junker 88 a été un des appareils allemands les plus polyvalents. Utilisé comme avion de reconnaissance, bombardier, chasseur de nuit ou chasseur-bombardier, et même torpilleur, cet avion a été très apprécié de ses équipages. Ce bimoteur pouvait être également utilisé comme bombardier en piqué.

Le colonel Yves du Monceau de Bergendael, déjà détenteur de sept victoires aériennes, en prend le commandement. Le jour du débarquement, la « 349 » assure la couverture aérienne des plages, et abat deux Junker 88. Au cours d'une patrouille au-dessus du Calvados, Jean Van Molkot, surnommé *Popeye*, repère des avions ennemis, et passe directement à l'attaque avec son coéquipier Johnnie Bragard.

Le Spitfire du pilote belge est touché par des débris d'un bombardier allemand qui explose en plein vol. Avec ce choc, l'hélice est endommagée , et il faut absolument abandonner l'appareil qui est devenu quasi ingouvernable. Van Molkot saute en parachute, et se blesse en touchant le sol. Une *Kübelwagen*, la « voiture-bassine », de la 21e Panzer Division SS le récupère, et l'emmène dans la direction de Caen. La division blindée, après avoir effectué une contre-attaque vers les plages de Juno et Sword, sera entièrement anéantie dans la poche de Falaise.

Prisonnier des Allemands, Jean est attaché au véhicule avec des menottes, et est obligé de suivre l'avance des chars ennemis. Traqués par les redoutables chasseurs-bombardiers, les blindés ne circulent que la nuit, et font route vers Rennes. Les SS se débarrassent du pilote belge dans un hôpital français de la ville, où il reçoit les premiers soins.

Après la percée d'Avranches, les GIs américains continuent sur leur lancée, et les troupes commandées par le général Patton avancent vers la ville de Rennes. Dans la nuit du 3 au 4 août, des éléments de la 8e division d'infanterie US du major-général John Shirley Wood lancent un assaut. Le lendemain, soit le 4 août, vers 10 heures, Rennes est libre, tout comme Jean Van Molkot. Il parvient ainsi à rejoindre son escadrille. Cette unité sera la toute première à se poser sur l'aérodrome de campagne de Sainte-Croix-sur-Mer, où l'accueil est émouvant.

On est seulement le 10 juin, et les pilotes sentent un merveilleux vent de liberté dans cette France qui découvre la fin de l'occupation. Si ces deux escadrilles, les 349 et 350, sont essentiellement desservies par des pilotes belges, une troisième accueille, dès février 1941, des pilotes de chasse évadés de notre pays occupé.

Suite à un accord liant les autorités belges à Londres et l'Air Ministry, la 609 *West Riding of Yorkshire* ouvre ses portes à un flight complet *Made in belgium* . Neuf des seize officiers aviateurs sont belges, et le commandement de ce flight est confié à Jean Offenberg.

Jean Offenberg

Pilote belge de la RAF, (1916-1942) il était devenu très rapidement un as avec sept victoires reconnues et cinq probables, lors de la bataille d'Angleterre. Il perd la vie dans un stupide accident avec un autre Spitfire. Il est le premier Belge à avoir reçu la DFC.

Au fil des mois, l'escadrille entière est placée sous les ordres de pilotes belges, dont Manu Geerts notamment lors du débarquement du 6 juin. Le 14 août 1944, Raymond *Cheval* Lallemant prend sa succession. Le dernier Belge qui assume cette charge est Charles *Windmill* Demoulin. Tous serviront sur les célèbres Hawker Typhoon.

Ce Squadron, considéré comme le plus belge des Squadrons britanniques, compte également dans ses rangs des pilotes réputés comme Georges Watelet, Georges *Poupa* Jaspis, Andréa *Le men* Blanco, Joseph Renier et Joseph Zegers. Au total, cinquante-cinq pilotes belges ont servi au sein de cette escadrille.

La 609 aura le privilège d'être la première formation de la RAF à remporter cent victoires sur Spitfire. Mais à l'heure des Typhoon, un exploit insensé a été réalisé par un pilote bien de chez nous. Le baron Jean de Selys Longchamps a réussi l'exploit d'attaquer en plein jour le siège de la Gestapo de Bruxelles.

Le 20 janvier 1943, de retour d'une mission de bombardement à Gand, il survole la capitale, et mitraille le n° 453 de l'avenue Louise. Tous les étages de cet immeuble tant détesté ont été touchés par le tir des canons du Typhoon anglais.

De retour à sa base, l'intrépide pilote belge sera rétrogradé pour désobéissance… En Angleterre, on ne badine pas avec la discipline, mais on sait reconnaître les exploits! Une DFC lui sera néanmoins décernée pour cette expédition punitive hors du commun.

Un autre pilote de la 609 s'est également illustré au-dessus de Bruxelles, et en revient même avec un « petit souvenir »…

De retour d'une mission d'entraînement, une section de trois Typhoon survole les faubourgs de la capitale, et prend en chasse un appareil allemand. L'ennemi, surpris par la rapidité de l'attaque, s'abat sur la chaussée d'Alsemberg, et Charles Demoulin ne peut éviter les débris du crash. Le choc est violent, mais les dégâts sont faibles et la formation rentre au complet au bercail. Après l'atterrissage, le mécano de Demoulin vient lui présenter un pavé bruxellois projeté dans les airs et… rapporté en Angleterre!

Un des plus brillants pilotes belges de la 609 est incontestablement Raymond *Cheval* Lallemant. Il a fait merveille avec son Typhoon et est considéré comme un des meilleurs chasseurs de Panzers. Dès le 6 juin, il patrouille avec une mission d'appui-feu bien définie, et participe activement aux combats du fameux bocage normand. Cette belle région verdoyante a malheureusement permis aux troupes et aux chars allemands de se camoufler efficacement dans les vergers ou les chemins creux. Entretemps, l'état-major de l'occupant tentait de rassembler le plus de chars possibles, et les transferts de panzers ont été mis à mal par les attaques répétées des Typhoons que les tankistes appelaient *Jagdbomber* ou *Jabo*.

Grâce à ces multiples interceptions et à la suprématie totale des airs par les Alliés, la 3e Panzer Division du général Fritz

Bayerlein fut pratiquement détruite en quelques jours. Les unités de Typhoons munis de lance-roquettes, l'arme fatale pour les blindages allemands, ont ainsi malmené la fameuse *Panzer Lehr*. Cette division d'élite de la Wermacht, partie du Mans le jour J en fin de journée devait venir épauler les forces allemandes dans la région de Falaise. Mais les avions alliés en ont décidé autrement, et les cinq colonnes comportant quelque 200 chars et des dizaines de véhicules d'appoint doivent essuyer le feu roulant des chasseurs-bombardiers.

Les pertes sont très lourdes pour cette unité qui découvre la redoutable efficacité des roquettes. Plus de 80 transports de troupes à chenilles sont détruits tandis que de nombreux chars sont éventrés et flambent, enveloppés d'une fumée noire.

La division blindée *Lehr* continue malgré tout sa route vers un mortel destin, qui prendra la forme d'un de ces redoutables *tapis de bombes* chers aux Forces américaines. De leur côté, les escadrilles de Typhoons veulent encore améliorer leurs performances, et une toute nouvelle technique est rapidement mise au point. Tout au long de cette épuisante bataille des bocages normands, les chasseurs-bombardiers de la 609 ont pris une part active dans la percée des troupes américaines commandées par le charismatique général Georges Smith Patton.

Afin d'améliorer sensiblement la réactivité entre l'aviation et les troupes au sol, l'état-major a envoyé au front des jeeps ou des tanks dans lesquels un officier de liaison de l'armée et un officier pilote de la RAF dirigent conjointement les attaques des Typhoons.

Les pilotes décollent toutes les vingt minutes, et se mettent à disposition de cette équipe marquée du sceau de l'efficacité. Le « contact-car » ou « contact-tank » indique les points à attaquer en priorité, et les « jabos » tant redoutés des blindés allemands entrent en action sans tarder.

L'appui-feu est ainsi considérablement amélioré, et les Alliés peuvent progresser beaucoup plus rapidement. L'escadrille 609 a été consacrée comme la meilleure formation volant sur Typhoon.

L'épopée de Raymond Lallemant s'est soldée par deux DFC. La 609 qui, lors de sa création en 1936, était une simple unité auxiliaire de la RAF, est rapidement entrée dans la légende des meilleures escadrilles anglaises. Notre compatriote y contribua largement, avec une bonne cinquantaine d'autres valeureux pilotes belges.

D'autres héros...

Si ces trois escadrilles « belges » sont le plus souvent mises à l'honneur, d'autres pilotes issus de notre pays se sont illustrés lors de cette Seconde Guerre mondiale.

L'un d'entre eux, le Flight lieutenant **Eugène Seghers**, participe lui-aussi à l'épopée de l'escadrille 609 qu'il rejoint en avril 1941. Il fait partie des premiers pilotes belges qui arrivent à la base de *Biggin Hill*.

Directement, il remporte une victoire sur un Messerschmitt 109 et, le 21 juillet, reçoit la Croix de guerre. Le ministre de la Défense, Camille Gutt, lui remet cette distinction ainsi qu'à six autres pilotes de notre pays. Muté à la 165, il y gagne ses galons de Squadron Leader, et devient, à l'époque, un des rares pilotes étrangers amené à diriger une escadrille anglaise de la RAF. Moins d'une année plus tard, sa majesté le roi d'Angleterre lui décerne une DFC bien méritée. Mais, à trente-quatre ans, il reprend du service actif dans le Squadron 91, après un passage comme moniteur pour les jeunes pilotes. Il prend part à la défense aérienne lors du débarquement de Normandie.

Mission après mission, Eugène Seghers se rapproche inexorablement du moment fatal. Le 26 juillet 1944, sa formation, spécialisée dans la destruction des V1, les fameuses bombes volantes, survole les côtes anglaises. Le pilote belge aperçoit l'un de ces terribles engins de mort, et le prend en chasse.

C'est malheureusement la dernière action d'éclat du capitaine aviateur Seghers, qui est victime de l'explosion du V1 qu'il a mitraillé. Son sacrifice permet d'éviter la destruction certaine du petit village anglais d'Uckfield.

Un ancien moniteur de l'école de pilotage de Wevelgem, **Henry Gonay**, va lui aussi se distinguer sous les ailes britanniques. Il fait également partie d'une escadrille « belge », la 350, où il obtient le commandement d'un flight.

Après quelques mois, il quitte cette unité, et est muté à la 232. Le coup de main de Dieppe est en préparation, et Gonay participe à l'opération *Jubilee* avec beaucoup d'audace et d'efficacité. Sa brillante conduite au combat lui vaut la Croix de guerre française avec palmes de bronze et, en plus, il est cité à l'ordre du jour de l'armée de l'air britannique.

Quelques mois plus tard, il est Squadron Leader au 129e. Des Spitfires aux Typhoons, il n'y a qu'un pas que franchit allègrement cet ancien de l'aérodrome de Nivelles.

Avec sa nouvelle unité, la 263, il participe à des opérations de bombardement de rampes de missiles V1. Toujours à la tête de ses hommes, le major aviateur Henry Gonay détruit plusieurs stations de radars allemands, et prépare ainsi les opérations du débarquement du 6 juin. Les Typhoon de la 263 font partie des escadrilles en appui-feu, et les sorties se multiplient jusqu'au 14 juin. Lors d'une patrouille *anti-shipping* au large de l'île Anglo-Normande de Jersey, alors sous contrôle allemand, il attaque avec ses équipiers deux chalutiers armés. Son appareil est sérieusement touché par la Flak ennemie. Tentant le tout pour le tout, notre compatriote essaye de se poser en catastrophe, mais au contact du sol, l'appareil prend feu, et Gonay ne survit pas au crash.

Rejoindre l'Angleterre et poursuivre le combat constituaient le principal objectif de nombreux jeunes aviateurs belges. **Louis Emmanuel *Manu* Joseph Marie Geerts** fait partie de ces irréductibles Gaulois.

Lors de la campagne des 18 jours, ce volontaire de la 3e escadrille est blessé et suit son unité vers la France, terre d'accueil… De Marseille au Maroc, le transfert du personnel de l'école de pilotage belge se termine dans un premier temps à Oujda.

Le cargo *Algérie*, mis à la disposition du gouvernement belge, sert de transport de troupes. Arrivés à destination, des tractations sont menées par le capitaine De Soomer en vue d'envoyer l'école vers l'Angleterre. Quant au général-major Adhémar Tapproge, il caresse l'espoir secret de pouvoir acheminer ses élèves vers le Congo belge afin d'y poursuivre la lutte. Malheureusement, les autorités de Vichy, et le cabinet du ministre de la Défense décident de rapatrier en Belgique tout ce petit monde. Une traversée en sens inverse s'impose et, cap sur Marseille, où un train conduit les membres de l'école de pilotage vers... l'Allemagne et ses camps de prisonniers.

Manu est interné au camp de Hammerstein en Poméranie. Le Stalag IIB accueille le jeune pilote en septembre. Il réussit à s'en évader trois mois plus tard.

Rentré en Belgique, Geerts entre en contact avec Henri Michelli, et quitte notre territoire en mars 1942. Pris en charge par le célèbre réseau Comète, *Manu* et son ami Paul Burniat, traversent l'Espagne de Franco et le Portugal pour aboutir à Lisbonne. Dans le joli port lisboète, les deux amis embarquent sur un cargo battant pavillon belge. Le *René-Paul* les emmène vers Gibraltar, où ils arrivent après deux journées passées en mer. Dans la célèbre enclave britannique, ils montent à bord d'un navire qui, en convoi, arrive au port écossais de Greenock. Un passage « obligé » à Patriotic School et un engagement dans les FBGB (Forces Belges en Grande-Bretagne) clôturent ce périple.

Des FBGB à la RAF, il n'y a qu'un pas, allègrement franchi

par les deux évadés. Emmanuel Geerts passe d'escadrille en escadrille avant de prendre le commandement de la 609 au plus fort de la bataille de Normandie. Il s'y illustre à bord de son Hawker Typhoon, et participe lui-aussi aux opérations du 6 juin 1944.

À la fin de la guerre, il rentre au pays, où il prend le commandement du Squadron 349 de la toute nouvelle Force aérienne belge. Il commande la base de Beauvechain jusque fin novembre 1947. Quelques mois plus tard, *Manu* est muté à la base de Coxyde, et y assume la direction de l'école de tir de la FAé. Il y entraîne les jeunes pilotes au combat aérien.

Promu lieutenant-colonel, Emmanuel Geerts prend sa retraite en 1959 avec un palmarès exceptionnel. Durant la bataille de Normandie, il a mené près de cinquante missions à la tête de la célèbre escadrille 609 de la RAF.

Un autre illustre évadé du réseau Comète, **Georges Louis Frédéric Chrétien Jaspis**, dit *Poupa*, a lui aussi mené une brillante et longue carrière d'aviateur. Il vole sur Spitfire et Typhoon à la 609ᵉ et participe à la réduction de la poche de Falaise, lors de la bataille de Normandie.

Les hostilités terminées en Europe, Georges Jaspis continue à servir la RAF, et effectue même des transports de troupes jusqu'en Inde.

Démobilisé, il entre à la Sabena, et inaugure en 1946 la liaison Bruxelles-Genève. Toujours sur la brèche, l'ancien pilote de la RAF est ramené dans le feu de l'actualité. En effet, le 17 juillet 1960, aux commandes d'un Boeing 707, il ramène 303 femmes et enfants de Léopoldville, après un vol de 7 000 km. Sa carrière à la Sabena se termine en 1978 après plus de 27 000 heures de vol, un record!

Le jour J, le comte **Ivan Du Monceau de Bergendael** est à la tête de la 349ᵉ. Cette escadrille belge sort avec sa « sœur », la 350ᵉ, pour protéger la flotte de débarquement lors de trois missions.

Les jours suivants, les Spitfire participent aux opérations de la bataille de Normandie. Le 10 juin, le *Duke* atterrit avec ses appareils sur le tout premier aérodrome emménagé en France par la RAF , à Sainte-Croix-sur-Mer. En août 1944, après un second tour d'opérations et huit victoires confirmées, il part pour l'Air Staff de Fort Leavenworth aux USA. Après trois mois de formation, il revient en Angleterre, où il entre à l'Inspectorat général avec le grade de lieutenant-colonel.

Attaché à la Maison du prince régent en 1945, il rejoint l'ambassade de Belgique à Washington comme attaché militaire. Après six années de fonction, une nouvelle mission de confiance l'attend en Belgique : former et commander le 10e Wing de chasseurs-bombardiers de Kleine-Brogel. Passé chef d'état-major du groupement des opérations, il obtient un galon supplémentaire en décembre 1955.

Le colonel Ivan Du Monceau de Bergendael poursuit sa brillante carrière militaire en devenant successivement chef de la section aérienne de l'état-major général, membre de la section opérations de la 2e *Allied Tactical Air Force* et chef de la Division opérations et entraînement.

En 1963, une nouvelle promotion lui vaut d'être muté au quartier général du Commandement de l'Instruction et l'Entraînement. Il termine son parcours militaire en 1972.

Depuis 1965, le *Duke* est commandant de la Force aérienne tactique et est passé au grade de général-major.

Après avoir été abattu lors de la campagne des 18 jours, un jeune pilote de l'escadrille à la feuille de houx s'évade de l'hôpital de Bruges, et décide de rejoindre les Forces belges en Grande-Bretagne. L'itinéraire classique fait de dangers et de captivité le conduit finalement sur le sol anglais où **Remy Van Lierde** s'engage dans les rangs de la RAF.

Escadrille à la feuille de houx

Cette escadrille belge fait partie du IIe corps d'armée. Elle est équipée de douze *Fairey Fox II* et est basée à Goetsenhoven. La 3e escadrille était destinée à des missions d'observation, et avait pour emblème une cocarde avec une feuille de houx.

Au cours de la guerre et des mutations, cet évadé belge passe par la célèbre escadrille 609. Au cours d'une mission en mars 1943, il survole le champ d'aviation allemand de Chièvres avec son Typhoon.

Sous les yeux de son épouse, il abat un appareil de transport, dont il retrouvera, après les hostilités, des débris cachés dans le jardin de sa demeure.

Il effectue sur Typhoon plus de 250 heures de vol. Repris au sein de divers états-majors et écoles, il poursuit une brillante carrière, mais, en 1944, il demande à reprendre du service opérationnel. La RAF accède à sa demande, et le transfère au Squadron 3. Lors de l'opération *Overlord*, Remy Van Lierde vole avec le Squadron 164, où il retrouve son grade de Squadron Leader.

Cette unité est un peu particulière, et compte dans ses rangs une majorité de pilotes anglo-argentins. Menant son escadrille au combat, le pilote belge s'illustre lors de missions défensives des forces débarquées, mais également en participant activement à la lutte contre les meurtrières bombes volantes. Son palmarès est particulièrement significatif et « varié »: 7 avions détruits, 37 V1 mis hors d'état, 250 véhicules et 6 navires endommagés, sans compter 9 locomotives détruites. Un bilan hors du commun qui vaut à celui que la presse britannique a surnommé *l'as belge des bombes volantes* une DFC rehaussée de deux « bars ». Cette distinction est d'ailleurs la seule jamais décernée par le roi d'Angleterre à un pilote de notre pays.

Après la guerre, Remy Van Lierde est affecté à la 350e avant de prendre le commandement du premier Wing de chasse de Beauvechain, avec le grade de major.

De promotion en promotion, le spécialiste des V1 est nommé aide de camp de S.M. le roi Léopold III, avant de rallier une fois encore le sol anglais pour y réaliser un nouvel exploit. Le terrain d'essai de la *Hawker Aircraft LTD* à Dunsfold voit débarquer deux pilotes belges : le major Remy Van Lierde et le capitaine Yves Bodart. Ils doivent tester un nouvel appareil pour la Force aérienne, le Hawker Hunter.

Cet avion supersonique avait battu le record mondial de vitesse en 1953 en volant à plus de 1 163 km/h. Pour les pilotes belges, ces essais leur donnent l'occasion d'être les deux premiers aviateurs de notre pays à dépasser le mur du son...

Quelques mois avant l'indépendance du Congo belge, le colonel Van Lierde arrive à la base de Kamina dont il prend le commandement. Grâce à son dynamisme et sa lucidité, il permet notamment le sauvetage d'un grand nombre de réfugiés. De retour au pays, il prend les rênes du 7e Wing de chasse et de la base de Chièvres, avant de prendre une pension bien méritée en 1968.

Compétitifs...

Les escadrilles belges incorporées dans la RAF ont fait montre d'une efficacité exceptionnelle tout au long de la Seconde Guerre mondiale. Mais les pilotes belges qui ont rejoint l'Angleterre n'ont pas été cantonnés uniquement dans des Squadrons « belges ».

Aviateurs, mécaniciens, mitrailleurs ou navigateurs ont fait partie d'unités du *Bomber Command* ou du *Coastal Command*, d'escadrilles de chasse, de sections de photographes aériens, de flight de transport et d'équipes de maintenance ou d'entretien au sol.

Même le Moyen-Orient et l'Afrique ont été survolés par nos compatriotes qui ont fait partie du 272e Squadron, et d'autres des Forces aériennes sud-africaines (SAAF).

Au rayon des chasseurs, les Belges ont totalisé 156 victoires confirmées et 31 probables, sans compter les bombes volantes détruites. Un bien beau bilan pour nos pilotes. Sur les 29 pilotes qui ont participé à la bataille d'Angleterre, 7 sont tombés glorieusement dans le ciel anglais. Ces pionniers sont allés jusqu'au bout de leur volonté de servir la liberté et de poursuivre la lutte contre l'envahisseur.

Finalement durant la Seconde Guerre mondiale, les pilotes et navigateurs belges ont été 521 à servir dans la RAF et 134 dans la SAAF *South Africa Air Force.* 140 parmi ces braves ont disparu tragiquement du ciel.

CHAPITRE VI

Opération *Neptune* et les Belges

Si le débarquement du 6 juin 1944 constitue une formidable réussite, une grande partie de ce succès est à mettre à l'actif de la phase maritime de cette journée mémorable. *Overlord* n'aurait certainement pas pu aboutir sans l'appoint de l'opération *Neptune* qui rassemble dans la Manche près de sept mille bâtiments. Ces navires proviennent de nombreux pays et portent les couleurs des USA: le Royaume-Uni, la France, le Canada, la Pologne, le Danemark, la Norvège et la Hollande.

Mais au sein de ces unités, plusieurs centaines de marins belges ont servi bien souvent sous le pavillon britannique. Tous ces hommes sont placés sous le commandement de l'amiral Bertram Home Ramsay qui s'était déjà illustré lors de l'évacuation des troupes anglaises à Dunkerque.

La plus grande opération navale de tous les temps avait déjà commencé deux jours auparavant avec l'appareillage des premières unités. Afin de « déblayer » des chenaux pour accéder aux plages du débarquement, toutes les flottilles de dragueurs de mines quittent les ports anglais et font route vers le littoral normand.

Leur mission est simple et essentielle. Ces « éclaireurs » doivent éliminer les mines qui infestent la Manche. Une dizaine de chenaux doivent être dégagés et balisés. Si cette mission est réalisée, les barges de débarquement auront tout loisir de rejoindre les plages et éviteront les redoutables pièges marins que sont les mines magnétiques.

Dès le début de l'opération, l'amiral américain Alan Goodricht Kirk, commandant une des deux *Task force* US, est bien conscient que « les dragueurs de mines constituent la clef de voûte de l'opération *Neptune* ». Ce rôle essentiel dans le bon déroulement du jour J voit des marins belges prouver toutes leurs qualités et leur courage à bord de ces « Mickey Mouse », comme on les appelle familièrement.

Amiral Alan Kirk

Cet amiral de l'*US Navy* a servi comme commandant des forces amphibies en Méditerranée lors des débarquements en Sicile et en Italie. Le 6 juin 1944, il est à la tête d'une des deux forces navales de l'opération *Neptune*. Alan Kirk était à bord du croiseur lourd américain USS *Augusta*.

À bord du navire-amiral de la seizième flottille, le HMS *Lyme Regis*, un officier navigateur guide ses huit navires vers leur objectif. Direction Ouistreham et la plage de *Sword*, mais la nuit est très claire et les navires alliés peuvent être repérés à tout moment.

Impassible, le lieutenant de vaisseau Jules Van Dyck poursuit ses calculs et se rend compte que les dragueurs vont arriver trop tôt sur leur plage. Malgré cela, la marche en avant se poursuit et les longs câbles des dragues ratissent les eaux. Le *Pacha* du *Lyme Regis* suit de près le travail de ce jeune Belge qui lui annonce fièrement qu'ils sont arrivés à deux milles du rivage. Les unités de dragage ont exécuté leur mission. Mais outre Van Dyck, d'autres compatriotes font également partie de ces préparatifs indispensables à l'arrivée des premières vagues d'assaut. Sur le dragueur *Chamois*, le jeune Édouard Poskin fait partie de l'équipage. Après la guerre, il deviendra Commodore de la Force navale belge.

À bord du *Larne*, un autre Belge, Vervynck, est également au poste en ce mois de juin, et participe à cette importante opération de dragage. Venant de la base d'Harwich, les dragueurs de la 118e flottille, commandés par le lieutenant-commander Louis Petitjean, participent également à cette mission préparatoire.

Petit à petit, les grands bâtiments de surface viennent prendre position et, d'ici quelques dizaines de minutes, leurs canonniers entreront dans la danse. Entretemps, une dizaine de petites vedettes HDML ou *Harbour Defence Motor Launch* délimitent les entrées des chenaux. Tout est mis en place pour que les *Landing Crafts* rejoignent la côte dans les meilleures conditions possibles.

Landind Craft

Les LCI ou *Landing Craft Infantry* sont de grandes péniches pourvues d'une passerelle de débarquement. Ces petits transports de troupes ont réalisé des prouesses lors des débarquements alliés. En moyenne et selon les versions, ils embarquent plus ou moins deux cents hommes pour un équipage de moins de trente marins. Les LCI peuvent transporter quatre-vingts tonnes de matériel, et sont surtout armés de petits canons Oerlikon de 20 mm.

Petit à petit, l'ensemble du dispositif de l'opération *Neptune* prend place et, dans quelques minutes, les dragueurs vont quitter les premières lignes.

Les gros bâtiments du *bombarding squadron* se mettent en position.

Deux corvettes belgo-anglaises de la classe Flower, le *Buttercup* et le *Godetia*, escortent les convois qui font route vers le littoral français. Avec leurs équipages belges, ces vaillants chiens de garde ont déjà effectué de nombreuses missions de protection de convois dans l'Atlantique. Mais pour le D-Day, les K193 et K226, commandées respectivement par les lieutenants RNR (*Royal Navy Reserve*) Libert et Larose, escortent les premiers convois et, ensuite, protègent le trafic maritime entre la Normandie et l'Angleterre.

Opération *Alacrity*

Un accord entre les Anglais et les Portugais a permis aux Alliés d'occuper les Açores et d'y installer des bases aériennes afin de sécuriser au maximum les eaux de l'Atlantique. Les Britanniques débarquent dans le port de Pipas le 8 octobre 1943.

Le *HMS Buttercup* a même eu les honneurs de participer à deux débarquements durant la guerre. La corvette belge avait déjà fait partie de l'escorte de l'opération *Alacrity*, qui avait conduit des troupes alliées occuper les îles des Açores en octobre 1943. À cette époque, le K193 était placé sous le commandement du lieutenant RNR Jonckheere.

Picadilly Circus

L'opération *Neptune* a prévu une zone de rassemblement et de *dispatching* vers les plages de Normandie. Les colonnes de bateaux alliés ont quitté les ports britanniques à des heures différentes, mais doivent tous passer par la zone Z située au sud-est de l'île de Wight. À Londres, cette place particulièrement encombrée a été longtemps considérée comme le centre de l'Empire britannique. Ce symbole anglais est devenu, dans la nuit du 5 au 6 juin 1944, le centre de l'opération *Neptune*.

Ce matin du 6 juin, la mission impartie aux marins belges consiste en la couverture antiaérienne du convoi ETC2Y qui part de la Tamise vers la France, et des navires de bombardement du secteur anglo-canadien des plages de Juno, Gold et Sword. De son côté, entouré d'une meute de navires, le *HMS Jervis* a levé l'ancre le 5 juin vers 19h. Après être passé par Picadilly Circus au large de l'île de Wright, il fait maintenant route vers la Normandie. À son bord, le lieutenant de vaisseau Daniel Geluycken, officier-canonnier, est à la manœuvre pour régler tous les tirs. La précision de ses calculs permet de détruire deux blockhaus allemands et de labourer la plage truffée de défenses métalliques antichars.

La « Côte de nacre », entre Courseulles et Ouistreham, est soumise au feu de la puissante armada alliée, et les défenses allemandes souffrent sous les coups de boutoir des pièces de gros calibres. À quelques encablures de là, le *HMS Largs*, navire de commandement du secteur Sword, dirige les mouvements des différentes troupes de la force S.

Dans la grande salle des opérations, le lieutenant de vaisseau anversois Van Riel fait partie d'une équipe, dont il est officier de renseignement. Les ordres fusent, les mouvements des navires sont relevés sur les grandes cartes de cet état-major installé au cœur même de l'affrontement. Dans la tourmente des salves marines et de leurs échos allemands, les tirs s'intensifient de plus belle en attendant l'arrivée des barges de débarquement.

Les hommes, entassés dans ces inconfortables LCI, attendent le signal du début de l'opération *Overlord*. Un rideau de fumée protège la flotte alliée, mais il n'empêche pas deux vedettes lance-torpilles allemandes de venir au contact, et de tirer une bordée de torpilles.

Il est 5 h 30 et le *Largs* évite un coup direct. Malheureusement, le destroyer classe « S » norvégien *Svenner* est touché et coule. La seule perte de la flotte alliée le 6 juin est due à l'intervention de la Kriegsmarine, et des *E-Boot Jaguar* et *Moewe* de la 5e flottille basée au Havre.

De son côté, le capitaine de corvette Georges Timmermans emmène la 202e flottille de débarquement et ses commandos anglo-canadiens. Sur le LSI, Landind Ship Infantry, *Queen Emma*, un autre marin belge, Depoorter, officie également devant Bernières-sur-Mer. Le transport de troupes est un ancien paquebot civil néerlandais réquisitionné par les Britanniques après l'invasion de la Hollande. Un membre de la Force S, Herreman deviendra pilote du port artificiel d'Arromanches. Le ML591, un patrouilleur à moteur actif dans le secteur d'*Utah*, est placé sous le commandement de Janssen, un autre marin belge.

Le débarquement en Normandie est en marche, et la libération d'une Europe opprimée se dessine à l'horizon. Le jour J a vu plus de 300 marins belges présents à la manœuvre. Ils faisaient partie des quelque 195 000 marins qui ont combattu durant la Seconde Guerre mondiale. Parmi ceux-ci, on comptait 25 000 hommes de la marine marchande, trop souvent oubliée.

Elle a pourtant payé un très lourd tribut lors de ce conflit.

Officier canonnier belge...

Le 21 février 1940, le navire-école *Mercator* quitte la Belgique pour sa vingtième croisière. Même si la situation politique mondiale est explosive, personne à bord ne se doute que ce voyage sera particulièrement agité.

Le trois mats emmène dans ses flancs 74 membres d'équipage. Parmi eux, le jeune Daniel Geluyckens n'est certainement pas le moins motivé, et le dur apprentissage d'officier de marine débute.

Au large de l'Afrique, la terrible nouvelle de l'invasion du pays par l'Allemagne frappe de plein fouet ces jeunes marins. Le commandant convoque son équipage, et lui délivre un message on ne peut plus clair : « Messieurs, à partir de ce jour, vous êtes tous mobilisés. » Le bâtiment fait alors route vers l'Angola et le Congo tout proche. Le petit port de Banana, situé sur la rive Nord de l'embouchure du fleuve Congo, accueille le bateau. La vie à bord se poursuit, et une affectation est donnée à l'unité dès le début du mois de septembre.

Le gouvernement général demande au commandant du *Mercator* de procéder à un levé hydrographique de la côte congolaise. Peu avant la Noël, le ministre des Colonies Albert De Vleeschauwer, venu de Londres, visite le navire-école, et propose aux cadets de rejoindre la Grande-Bretagne afin de continuer la lutte.

Parmi les 28 aspirants, 15 décident de rallier l'Angleterre. Les « rebelles », comme les appelle le commodore Geluyckens, sont placés sous les ordres du lieutenant Dhondt, et partent jusqu'à Freetown, capitale de la Sierra Leone, à bord du *Moanda*. Le petit contingent rejoint les îles Britanniques avec un paquebot mixte l'*Umtali*.

Après une traversée mouvementée au cours de laquelle des blessés du *Mount Park*, un cargo en détresse, sont recueillis, la petite troupe de marins débarque à Oban en Écosse. À peine arrivés sur le sol anglais, les cadets sont dirigés vers le centre du quartier administratif belge de Londres, situé à Eaton Square.

La Sûreté belge prend en charge les « rebelles » et, finalement, seulement treize cadets montent dans un train à destination de Skegness, et son camp de formation de la Navy : *HMS Royal Arthur.* Les entraînements se succèdent à un rythme soutenu et, le 15 septembre, les quatre meilleurs cadets belges sont désignés pour suivre les cours du *Royal Naval College* de Darmouth. Ce quatuor suit les cours de la classe 55 du *Special Entry Cadets.* Pour Daniel Geluyckens, cette solide formation se termine brillamment le 31 mars 1942 avec le grade de *midshipman,* ou aspirant.

N'ayant pas encore 20 ans, il ne peut être nommé directement sous-lieutenant. Ce sera chose faite le 26 octobre, le jour de son vingtième anniversaire, et la Navy compte en ses rangs un tout jeune et prometteur officier canonnier. Quelques mois plus tard, il participe à l'opération *Avalanche* sur le destroyer de la classe Hunt, le HMS Dulverton. Au large de Salerne et de Naples, l'invasion de l'Italie par les Alliés voit le jeune canonnier prendre part au débarquement.

Opération *Avalanche*

Cette opération marque le début de l'invasion du territoire italien par les troupes de l'US Army. Le 3 septembre 1943, neuf divisions de la 5e armée américaine débarquent près de Salerne. Près de 85 000 hommes se trouvent opposés aux troupes allemandes de Rommel. Alors que le débarquement sur les plages italiennes est lancé, un armistice est signé secrètement le jour même à Cassibile en Sicile.

Malheureusement, le *Dulverton* a subi d'importantes avaries suite à un bombardement aérien. Les Britanniques doivent saborder le navire, irréparable. Passé à bord du *Jervis*, Geluyckens voit son navire touché par une bombe planeur téléguidée de type HS293. Les dégâts sont importants et le destroyer de la classe « J » est réparé à Gibraltar, avant de reprendre du service. Ce bâtiment est très connu au sein de la marine anglaise comme étant *a lucky ship*. En effet, au cours de ses treize engagements importants durant la Seconde Guerre mondiale, aucun membre de son équipage n'a été tué.

Henschel Hs293

Cette bombe téléguidée est de fabrication allemande, et est surtout employée contre les navires. Le missile a été conçu dès 1940 par Herbert Wagner, et les premiers exemplaires ont été employés en 1942.

Le 5 juin, vers 19 heures, le *Jervis* vogue vers « la plus grande aventure amphibie de tous les temps ». Parmi les treize destroyers de la force G, il fait partie de l'Eastern Task Force qui se présente devant la plage de Gold. Le rôle principal de ce bâtiment est le bombardement des défenses côtières et l'escorte du navire amiral *HMS Bulolo,* où est regroupé l'état-major du 30e corps britannique. À bord du *Jervis,* tout l'équipage se prépare à soumettre à un feu d'enfer les casemates et les bunkers du fameux Mur de l'Atlantique.

HMS *Bulolo*

Ce navire a assuré le service de messagerie entre l'Australie et la Papouasie. Réquisitionné par les Britanniques, il était présent le 6 juin 1944 devant la plage de Gold. À son bord, en septembre 1945, la capitulation des troupes japonaises est signée au large de Singapour. Fin de la cadrée.

Daniel Geluyckens s'apprête à vivre une journée qui restera à jamais gravée dans sa mémoire. Dans son ouvrage *Odyssée d'un marin belge* il relate minutieusement le déroulement de ce « jour le plus long ».

Dès 4 h 55, « son » destroyer se place en tête de la formation, et près d'une heure plus tard, il dépasse les LSI qui sont au mouillage avant l'assaut.

Les *Mickey Mouse* ont terminé leur travail, et les chenaux balisés montrent le chemin à suivre. Escorté par son dragueur BYMS-2004, le bâtiment s'approche des côtes, et repère son tout premier objectif. L'officier canonnier fait ouvrir le feu à 6 h 25 sur un blockhaus doté d'un canon de 88 mm et situé au point fortifié du hameau de Hamel. Les coups portent, et à 7 h 12, une salve nourrie de tir rapide prépare le terrain pour les premières barges d'assaut.

Durant huit minutes, les obus pleuvent sur les plages et leurs défenseurs. À 7 h 25, les péniches dépassent les gros bâtiments et se dirigent vers les plages normandes. Entre 7 h 20 et 8 h 15, les canonniers du *Jervis* arrosent systématiquement un terrain surélevé en retrait de la plage de Meuvaines. Vers 8 h 50, un tir part depuis Arromanches, et le navire quitte sa position pour y répondre, avant de cibler un point de résistance allemand au nord de Ryes.

Lors de cette première journée de combat, le seul *Jervis* a tiré 1 125 coups de 120 mm, soit 75 % de sa dotation. Toujours selon les notes de Daniel Geluyckens, « le second jour est monotone ».

Le navire retourne à Portsmouth pour faire le plein de carburant et de munitions. L'équipage a droit à un jour de repos à Spithead, lieu utilisé depuis de nombreuses années pour ancrer des navires britanniques entre l'île de Wight et l'Angleterre.

Le 10 juin, vers 11 heures, le destroyer est revenu sur le théâtre des opérations, et est en position face à la plage de Juno. À 21 h 28, il doit intervenir contre un poste d'artillerie installé dans le clocher de l'église de Saint-Contest. La destruction de ce poste d'observation libère la 3e division canadienne qui était bloquée dans sa progression. Le 12 juin, le *Sioux* et le *Jervis* doivent intervenir pour protéger la 160e escadrille de BYMS, des dragueurs de mines en bois, pris sous le feu d'une batterie allemande située au Grand Clos.

Au cours de cet engagement, un dragueur est malheureusement endommagé, mais la batterie est réduite au silence. Sept jours plus tard, une grosse tempête se lève, et un *Liberty-ship* américain aborde le navire de Geluyckens, lui occasionnant quelques dégâts.

Le 21 juin, le destroyer *Fury* vient relever le *Jervis,* mais il heurte une mine et est drossé sur la plage. Ce bâtiment avait participé avec succès aux bombardements au large de Courseulles. Renfloué, le destroyer rentre en Angleterre où il est déclassé.

De son côté, le *Jervis* et Daniel Geluyckens continuent leur mission, et sont amenés à effectuer de nombreux tirs sur des objectifs des plages Gold et Sword, avant d'effectuer des patrouilles régulières dans le secteur anglais.

Ce récit détaillé des opérations du 6 juin 1944 et des jours suivants est dû à ce jeune officier canonnier belge qui, à peine âgé de 21 ans, a dirigé efficacement les tirs des treize destroyers en position devant Gold.

Débarquement du 6 juin 1944

Le baron Jean de Selys Longchamps qui mitrailla le siège de la Gestapo de Bruxelles (1912-1943).

(Collection Musée Royal de l'Armée - Bruxelles - n°D.1.6.93)

Mike Donnet et le ministre Hubert Pierlot.
(Collection Musée Royal de l'Armée - Bruxelles - n°D.1.6.100g)

Henry Gonay prêt à décoller avec «Claudine».
(Collection Musée Royal de l'Armée - Bruxelles - n°D.1.6.135/1g)

Raymond «Cheval» Lallemant et quelques équipiers.

(Collection Musée Royal de l'Armée - Bruxelles - n°D.1.6.169)

La 350e escadrille belge en août 1944 avec Gigot, Delorme, Vanderperren, Doncq, Mehuys, Duchateau, Verpoorten, Plisnier et Smets.

(Collection Musée Royal de l'Armée - Bruxelles - n°D.1.6.232)

Le capitaine François Venesoen attend une prochaine mission.
(1920-1944) Il est mort le 6 juin 1944.

(Collection Musée Royal de l'Armée - Bruxelles - n°D.1.6.285)

Victor Billet est à droite de la photo, un peu avant le raid de Dieppe où il trouve la mort. (1902-1942)

(Collection Musée Royal de l'Armée - Bruxelles - n°D.1.39/40/10005)

Au centre de la photo, le futur commodore belge Georges Timmermans (1899-1969). À sa gauche, le capitaine de frégate Petitjean qui deviendra également commodore.

(Collection Musée Royal de l'Armée - Bruxelles - n°D.1.40.6d)

Au centre, Odon Godart est congratulé par Moïse Taburiaux à l'occasion du cinquantième anniversaire de sa prévision du débarquement de Normandie. Toutes les autorités de Genappe, dont le bourgmestre Gérard Couronné, l'entoure sur le parvis de l'église ducale Saint-Jean-Baptiste de la cité du Lothier.

Photo MVC.

Armand Vermeiren.

Un ancien du refuge Panthère de Genappe photographié lors d'une exposition du Cercle d'histoire et d'archéologie de Genappe pour le cinquantenaire du débarquement.

Photo MVC.

CHAPITRE VII

Dans les blindés...

La plupart des combattants belges engagés lors du débarquement de Normandie récoltaient leurs parcelles de gloire dans l'aviation, la marine, les parachutistes et l'infanterie. Peu d'entre eux ont combattu les forces d'occupation dans les blindés. Mais un nom revient systématiquement à la mémoire des anciens : le major Louis Henri Legrand.

Au terme d'une carrière exemplaire et d'une indéfectible loyauté envers son pays, cet officier artilleur est tombé glorieusement au combat. Legrand était à la tête d'un escadron de Sherman parmi lesquels le char *Libérator* du 23e *Hussars*.

Au cours de l'avancée britannique sur la ville de Caen, son blindé a été détruit par une batterie de 88 mm dissimulée dans les bocages normands. Ainsi se terminait une épopée personnelle, qui avait entraîné Louis Legrand d'Angleterre au Moyen-Orient et au Congo avant de revenir au pays de Shakespeare pour participer à l'opération *Overlord*. Avec sa *Troop* ou au sein de l'état-major de la 29e brigade blindée britannique, il participe activement à l'opération *Epsom*.

Opération *Epsom*

Cette opération britannique se déroule entre les 26 et 30 juin, et vise à faire tomber aux mains des Alliés la ville de Caen. La ville et l'aérodrome de Carpiquet constituent un des principaux objectifs des Anglo-Canadiens dès leur arrivée en France. Une tempête perturbe l'approvisionnement des troupes, et retarde le déploiement des unités sur le terrain.

La veille de son décès, 60 000 hommes sont lancés à l'assaut des troupes allemandes qui empêchent les Alliés de progresser. Si les premières lignes sont assez rapidement enfoncées, les corps blindés adverses contre-attaquent sur les flancs des Anglais. Les chars s'affrontent, et les Sherman sont opposés à des Tigres dont la puissance de feu et le blindage sont supérieurs.

Dans ce secteur très disputé, la 21e Panzer Division de la Wehrmacht commandée par le lieutenant-général Edgar Feuchtinger fait face aux attaques des *tommies* et de leur appui blindé. Étrange clin d'œil de l'histoire, les Anglais et Louis Legrand ont déjà affronté cette division de blindés allemands.

El Alamein

Dans le cadre de la guerre du désert qui oppose les Britanniques aux forces de l'Axe composées d'Italiens et d'Allemands, les troupes du maréchal Montgomery prennent l'avantage sur l'Afrikakorps. La bataille d'El Alamein a été décisive et a obligé le *Renard du désert*, Erwin Rommel à abandonner le terrain aux Anglais.

En 1942, lors de la seconde bataille d'El Alamein et la retraite des troupes du Feld Maréchal Erwin Rommel, le destin avait déjà placé notre compatriote dans un char du 6e *Royal Tank Regiment,* face à cette 21e Panzer. Au cours de cette campagne africaine, il était canonnier et initiait ses coéquipiers au tir indirect. Cette technique consiste à suivre les instructions données par un observateur afin de régler les tirs du blindé. À l'issue des combats, la division allemande a été démantelée après avoir subi de très lourdes pertes.

Reconstituée en juillet 1943, elle se retrouve encore une fois sur le chemin du major Legrand et défend la ville de Caen contre les attaques britanniques. Mais, dans quelques heures, le major belge mourra dans son char frappé de plein fouet par une salve d'obus de 88 mm.

Mouen, petit village du Calvados, a gravé dans la pierre sa reconnaissance éternelle à ces Britanniques et... un Belge, qui ont donné leur vie pour la libération de cette belle Normandie !

Un périple étonnant...

En 1902, Louis Legrand voit le jour à Namur. L'invasion allemande le trouve, fidèle au poste, au 22e régiment d'artillerie. Son unité est engagée dans la ligne de défense du canal Albert, et se défend avec l'énergie du désespoir. Fait prisonnier le 20 mai, il réussit à fausser compagnie à ses gardiens à deux reprises le même jour.

La capitulation des Forces belges lui laisse un goût amer. Dignement, il refuse de baisser les bras, et décide de rejoindre l'Angleterre pour poursuivre la lutte. Son épouse maquille son passeport, il traverse la France, et franchit les Pyrénées à Cerbère, dernière cité de l'Hexagone avant l'Espagne.

Direction le Portugal, avant de rejoindre les îles Britanniques le 30 août 1940, et de s'engager dans les Forces belges en formation. À son arrivée, Legrand reçoit le commandement de la première compagnie de fusiliers. Mais les tergiversations des ministres belges mettent très mal à l'aise les officiers, qui n'espèrent qu'une chose : retourner le plus rapidement possible au combat et laver l'honneur de la Belgique.

Désigné par ses pairs pour rencontrer le Premier ministre Hubert Pierlot, il lui demande d'octroyer des moyens indispensables à la continuité de la lutte. L'esprit charismatique de Legrand le conduit au poste de chef de cabinet du ministre de la Défense nationale. Combattant dans l'âme, il ronge son frein dans ce ministère, où il ne trouve décidément que très difficilement sa place. Néanmoins, il s'active comme un beau diable pour rameuter en Angleterre tous ses compatriotes qui vivent à l'étranger, ainsi que tous les volontaires enfuis du territoire national occupé.

Conscient de l'importance des blindés dans les opérations militaires, le Namurois fait une demande d'incorporation dans une unité de chars britanniques. Il rejoint sa nouvelle arme dès le début du mois de mai 1942. Transitant par la Syrie, le nouveau tankiste est affecté en Égypte dans les troupes du maréchal Bernard Law Montgomery. Artilleur de formation, spécialiste du canon de 75 mm dont les blindés anglais sont équipés, il prend une place importante dans le 10e Royal Hussars. ou *Prince of Wales's Own.*

Avec ce régiment, Louis Legrand participe à la fameuse bataille d'El Alamein, et s'y distingue en détruisant cinq chars ennemis. Le commandement britannique récompense le Belge en lui décernant une DSO, *Distinguished Service Order,* qui lui sera remise le 29 décembre 1942.

Au cours d'une prise d'armes de son régiment, en plein désert, cette distinction est épinglée sur le torse de ce béret noir belge par le commandant de la première division blindée. Le lendemain de cette cérémonie émouvante et grandiose par le cadre même, le major Legrand est nommé à l'état-major de la 8e armée qui fonce vers la Tunisie. Il y reste jusqu'en février 1943 avant de rejoindre Le Caire, où il est mis en contact avec la brigade coloniale belge.

Brigade coloniale belge

Dans le cadre de l'effort de guerre de la Belgique en faveur des Alliés, trois brigades d'infanterie sont mobilisées au Congo belge. La Force publique, commandée par le lieutenant-général Auguste Édouard Gilliaert, bat les troupes italiennes de Pietro Gazzera, avant de rejoindre l'Égypte. Elle y sera transformée en brigade motorisée coloniale belge.

Partie du Congo, cette unité forte de quelque dix mille hommes a été envoyée dans un premier temps vers le Nigéria, le Togo et le Dahomey avant de rejoindre l'Égypte. Une nouvelle mission est alors confiée au major Legrand qui se voit attaché à la conversion des troupes de la Force publique à l'organisation anglaise. Après un voyage de coordination à Léopoldville, il retourne en Grande-Bretagne, et y retrouve sa place au ministère de la Défense nationale. Malheureusement, le courant ne passe pas entre Hubert Pierlot et ce major toujours disposé à partir se battre.

Les autorités belges de Londres voient en lui un empêcheur de tourner en rond et le tiennent à distance. Conscient de cette mise à l'écart injustifiée, il sollicite un retour dans une unité blindée anglaise. De leur côté, les insulaires ne cachent pas leur plaisir de revoir un élément aussi brillant et expérimenté rejoindre leurs rangs.

Le ministère anglais de la guerre le nomme instructeur à l'École des blindés de Bovington. Il prend en charge les canonniers des tanks et les prépare aux techniques de combat qu'il a utilisées en Afrique du Nord. Ayant toujours des fourmis dans les jambes, il demande une mutation dans une unité de combat, et le 23e Hussars l'accueille dans ses rangs. Sans le savoir, le vétéran d'El Alamein se prépare au débarquement de Normandie. Son régiment ne fait malheureusement pas partie des premières troupes britanniques engagées sur le continent européen, mais, dès le 8 juin, l'ordre d'embarquement pour la France tombe...

Avec *Liberator*...

Le 23e Hussars débarque en Normandie le 15 juin, et entre directement dans le vif du sujet. Le 25 juin, le maréchal Montgomery lance une nouvelle opération pour prendre la ville de Caen, la « capitale normande ». Il lance dans la bataille la 11e division blindée, qui compte en ses rangs le régiment du major Legrand.

Dans un premier temps, les blindés britanniques doivent franchir la petite rivière Odon, et ensuite faire route vers la ville toute proche. Détaché auprès de l'état-major de la brigade, l'officier belge demande l'autorisation de reprendre sa place au sein de son escadron.

Le 27, il a réintégré sa place dans un char Sherman qu'il a d'ailleurs baptisé *Liberator*. Cette journée sera la dernière de ce valeureux combattant, qui se sera montré exceptionnellement combatif et volontaire. Dans l'après-midi, les escadrons du 23e progressent jusqu'au moment où ils sont pris sous le feu d'une contre-attaque allemande. Marchant au son du canon, le major Legrand se lance à la rencontre de l'ennemi, et affronte deux Tigre. Les Sherman de son escadron harcèlent les monstres d'acier allemands, et doivent se résoudre à l'évidence : leur blindage résiste aux impacts des obus anglais. N'écoutant que son courage et sa rage de vaincre, Louis Legrand met sa *Troop* hors de portée de tir, et quitte son *Liberator*.

À pied, il se dirige vers un char britannique engagé dans ce duel inégal. Il a repéré un Sherman nouveau modèle équipé d'un canon de 76 mm. Se plaçant sur la tourelle, le major dirige le tir, et parvient à détruire un des deux redoutables assaillants. Le second Tigre rompt le combat.

L'escarmouche remportée, il rejoint son char, et reprend sa progression dans la campagne normande. À hauteur du petit village de Mouen, l'escadron du 23e Hussars est surpris par les tirs précis d'une batterie allemande de 88 mm.

Sur cette petite route de campagne, trois des quatre blindés sont en feu, et *Liberator* est lui aussi la proie des flammes. Le Sherman brûlera deux jours, et le corps du major Legrand ne sera même pas identifiable. Son canonnier et lui sont partis glorieusement au paradis des « bérets noirs ». Louis Legrand est mort sans avoir pu délivrer son pays, mais avec la volonté inébranlable de servir la Belgique et son roi...

CHAPITRE VIII

Mécano

Du gazogène au Spitfire...

Une guerre ne se gagne pas uniquement avec des troupes combattantes, mais également avec des acteurs de l'ombre comme des mécaniciens d'avion ou des soutiers. Tous ces hommes ont participé au gigantesque effort de guerre que les Alliés ont mis en route lors de cette Seconde Guerre mondiale. Quelle que soit la spécialité de ces citoyens engagés dans le conflit, ils ont œuvré de toutes leurs forces et avec la générosité du cœur à la victoire finale. Certains n'ont pas hésité à quitter la Belgique pour rejoindre, après de nombreuses aventures, les rangs des Forces britanniques et s'engager notamment au service de la RAF. Une épopée parmi tant d'autres a été immortalisée dernièrement par Baudouin Caironi dans son livre *Frans Schats, mécanicien à la RAF*. Ce récit met en valeur non seulement des qualités professionnelles évidentes mais également l'attachement tout particulier que peuvent avoir ceux qui durant les hostilités ont bichonné et réparé ces glorieux Spitfire. Frans voit le jour en 1917 à Ruysbroeck, petite cité du Brabant. Ce 11 février est un véritable jour de fête pour le tenancier de l'estaminet des heureux parents. Le brave garçon entre à l'école communale et y reste jusqu'en 1931. À l'époque, beaucoup de jeunes entrent très tôt dans le monde du travail et, à 16 ans, il est engagé chez un garagiste d'Anderlecht. Mais travailler n'empêche nullement Frans de poursuivre des études. La mécanique, la langue française et... la trompette constituent des pôles d'intérêt pour l'adolescent. La vie en Belgique occupée est très difficile et Frans discute régulièrement avec deux de ses amis d'un éventuel départ vers l'Angleterre. Au fil des semaines, la résolution de quitter la Belgique est bien ancrée parmi ces jeunes « aventuriers». Tout est décidé, Frans, son ami de toujours Albert, dit Bébert et Raoul, un employé de banque se mettent en route le 19 mai 1941. Prudents, ils emmènent des vélos et prennent le train pour Mariembourg. Arrivés à destination, ils enfourchent leur bicyclette en direction de la jolie petite cité de Revin dans les Ardennes françaises. Les trois compères continuent leur «évasion», passent par Reims avant de rejoindre, toujours en train, la capitale de l'Hexagone. Paris, ville lumière, constitue un attrait tout particulier pour ces trois amis qui se font contrôler par la Feldgendarmerie allemande. La présence de trois jeunes cyclistes sur les Champs-Élysées interpelle la maréchaussée qui se voit exhiber sous le nez une carte d'un cercle touristique flamand... L'alerte a été chaude, mais le voyage se poursuit jusqu'à Tours, où les trois garçons traversent la Loire à la nage. Le trajet à travers la France est bien loin d'être de tout repos et le trio débarque d'un bus dans un petit village de l'Aveyron: Cassagnes- Bégonhès. La recherche d'un travail les conduit à accepter un emploi de manœuvre au service d'une entreprise de travaux publics. En réalité, les trois garçons sont embauchés pour empierrer une route qui relie le village à la ville de Rodez. L'activité n'est certainement pas très gratifiante, mais avant toutes choses, il convient de survivre et de manger. Alors, à la guerre comme à la guerre, on fait contre fortune bon cœur... Pour Raoul, l'intello du groupe, les choses s'arrangent et il finit par se retrouver au bureau du chantier. Quant à Frans, le garagiste du village lui propose de travailler pour lui. Mécano dans l'âme, il accepte cette proposition qui s'avèrera très intéressante pour la poursuite de leur évasion. À l'atelier, il noue connaissance avec de nombreux paysans qui viennent faire réparer leurs engins agricoles. En plus, le jeune mécano se passionne rapidement pour les gazogènes. La pénurie et le rationnement drastique de carburant ont donné un solide coup de fouet à ce système qui équipe de très nombreux véhicules. Toujours intéressé par ces installations inventées par un ingénieur chimiste lorrain, Georges Christian Peter

Imbert, Frans en devient le spécialiste dans la région. Malgré cette réussite personnelle, il n'a pas perdu de vue le but de son évasion de Belgique: la Grande-Bretagne! Lors de ses multiples contacts avec la population locale, il apprend qu'un passage par Andorre est possible. La Principauté est un territoire neutre et les Belges pensent pouvoir traverser les Pyrénées grâce à un réseau de passeurs. Malheureusement, les sbires de Vichy veillent au grain et arrêtent le trio sous le statut de prisonniers politiques. Refoulés d'Andorre vers la France, ils séjournent durant un mois à la prison de Foix où le juge finit par les libérer. À leur sortie de cellule, ils sont approchés pour s'engager à la Légion étrangère. La tentative de passage par Andorre la vieille avortée, il ne reste plus qu'une solution: retourner à Cassagnes-Bégonhès et reprendre le boulot au garage. Finalement, les choses vont se précipiter et le trio entre en contact avec un officier belge d'active qui leur propose un recrutement au sein des Forces anglaises. Cette filière s'avère être la bonne et les amis sont pris en charge par un réseau de passeurs. Ils se retrouvent assez rapidement à Figueras en Espagne où ils prennent un train à destination de Barcelone. De la capitale catalane, la filière les emmène vers Miranda de Douro. Au poste frontière portugais, le chef menotte les Belges et les conduit chez lui où ils sont hébergés durant deux jours. Cette complicité est bien rôdée et le passage en pays neutre se déroule sans encombre et en toute « légalité »... Le voyage se poursuit en voiture vers Porto. Là, les fugitifs sont accueillis dans un château d'où ils repartent, reposés et repus, en direction de la capitale Lisbonne. Dans ce grand port qui a vu tant d'explorateurs partir à la découverte du monde, les « petits Belges » s'embarquent sur un cargo belge, le *René-Pol* qui met le cap sur Gibraltar. Comme deux précautions valent mieux qu'une, ce brave caboteur est chargé de bouchons de liège. En cas de torpillage, cela peut toujours servir... Après près de 20 heures de mer, le célèbre rocher est en vue et, avec lui, la liberté!

Vétéran de Normandie...

Un beau jour d'avril 1942 voit donc Frans et son ami Bébert débarquer dans ce port de Gibraltar qui fleure bon la liberté. En cours de route, ils ont perdu leur compagnon Raoul qui, un peu trop porté sur la dive bouteille, avait réussi à se faire définitivement embarquer par les policiers espagnols. Les Anglais incorporent les deux hommes comme GIs ou *gentlemen incorporated*. Il leur faudra encore 7 jours pour arriver à Glasgow sur la Clyde et fouler le sol britannique. En moins d'une année, le périple est bouclé par les deux « aventuriers ». Une nouvelle vie débute, mais les destinées des deux amis se séparent très rapidement après le passage incontournable par *Patriotic School*. Lors de l'interrogatoire, les inspecteurs anglais conduisent Frans dans un petit atelier où il lui est demandé de tourner une pièce métallique. L'épreuve réussie, il est dirigé vers la RAF qui manque cruellement de personnel qualifié. Le nombre d'escadrilles augmente sensiblement et le travail ne manque vraiment pas pour entretenir et réparer tous ces zincs. À peine incorporé à la 350e Ambiorix, Frans se retrouve plongé dans une formation d'hydraulicien en aéronautique. Après deux cycles de perfectionnement de 6 mois, il est transféré à la 349e escadrille où il est placé sous les ordres de pilotes chevronnés comme Albert Van de Velde et Raymond Lallemant dit Cheval. Dès son arrivée, il entre de plain-pied dans ce ballet infernal des départs et des retours de mission. Jours après jours, les Spitfire sont mis à rude épreuve et les mécaniciens suivent le mouvement. Pourtant, les « rampants » sont beaucoup plus nombreux que les pilotes. Dans chaque atelier, pas moins d'une vingtaine de corps de métiers s'affairent autour des appareils. Après l'atterrissage, le Spitfire est inspecté sous toutes les coutures. Tout doit être remis en ordre pour la prochaine mission et les mécaniciens font penser à une colonie d'abeilles autour de leur reine. Rien n'est laissé au hasard, la précision et la méticulosité du travail représentent les seules garanties de survie pour les pilotes en opération. Les équipes au sol doivent être opérationnelles sept jours sur sept, de jour comme de nuit. Certains pilotes ont parfois des préférences et la réputation des mécaniciens les incite à rechercher leurs compétences et leur habileté. Frans Schats est apprécié sur la base et un pilote n'hésitera pas à venir le réveiller en pleine nuit afin de jeter un œil sur son appareil. Belle preuve de confiance pour cet « évadé » qui, au fil des semaines, est devenu un incontournable mécanicien chef de la 349e. Le travail ne manque vraiment pas pour garder dans le meilleur état possible les Spit de l'escadrille belge. Depuis quelques jours, le débarquement en Normandie s'est déroulé avec succès et un ordre de « déménagement » arrive sur la table du Squadron Leader. Le 9 juin, soit seulement trois jours après avoir mis les pieds sur les côtes françaises, le staff de mécanos débarque dans un de ces aérodromes de fortune aménagés par les Anglais. Le transfert a été loin d'être de tout repos et l'arrivée est quelque peu chahutée par les nombreuses poches de résistance des Allemands. La bataille de Normandie fait rage et les troupes ennemies sont toujours bien présentes et parfois très proches du terrain. Les tentes, la piste et les appareils sont bien loin d'être sécurisés et cette situation à tout le moins précaire persiste jusque fin juillet. Les derniers soubresauts des troupes et des chars ennemis sont anéantis au prix de lourdes pertes dans les rangs anglo-canadiens. Mais l'intervention des chasseurs-bombardiers Typhoon est décisive. La 609 et Raymond Lallemant sont passés par là... Entretemps, Frans est, comme tous ses camarades, sur la brèche et est même amené à changer de nuit une roue du train d'atterrissage d'un Spitfire « échoué » près des lignes allemandes. Le secteur est toujours très hostile jusqu'à la fin de la résistance de la terrible poche de Falaise. La ville de Caen a enfin été prise ainsi que l'aérodrome de Carpiquet, objectif n° 1 des Anglais et des Canadiens dès le jour du débarquement. Les hommes de la 3e division d'infanterie du major-général Rodney Keller s'emparent de cette position importante. Les ruines de Carpiquet sont livrées au

Génie anglais et bientôt, la 349e y débarque et installe ses quartiers jusqu'au 8 septembre. Les troupes alliées avancent de plus en plus rapidement vers la Belgique. Afin de faciliter l'appui aérien nécessaire à la protection des troupes au sol, un nouveau transfert de l'unité est prévu pour Merville-Calonne près de Lille. Hommes et matériel débarquent quatre jours plus tard et l'ancien aérodrome allemand est mis à l'heure anglaise. Mais, les Belges sont vraiment très près de leur pays et rêvent de rentrer saluer leurs proches. Bruxelles est libéré depuis plusieurs jours déjà et certains « aventuriers » ont des fourmis dans les jambes. Parmi ces intrépides, le mécanicien-chef Frans Schats et son Squadron Leader Albert Van de Velde décident de filer sans permission vers la capitale et...Ruysbroeck ! Les retrouvailles sont particulièrement émouvantes et, de retour à la base, la vie reprend imperturbablement son cours. Un nouveau saut de puce sur l'échiquier des aérodromes et voici Maldegem devenu le B-65. Cette ancienne base aérienne de l'armée belge a été reprise à l'ennemi en septembre et remise en état par les *Royal Engineers*. Grâce au travail des sapeurs britanniques, l'escadrille belge trouve un nouveau nid. La guerre se poursuit ainsi que les pérégrinations de ces hommes qui espèrent bientôt voir la fin du tunnel et des hostilités. La 349e passe encore par Eindhoven et finit par atterrir en Allemagne où Frans reste encore une année entière sous les drapeaux. L'heure de la quille a sonné et, malgré une proposition de rester au sein de son escadrille chérie, il décide de revenir au pays et à ses premières amours. En 1945, il ouvre donc un garage à Ruysbroeck et l'année suivante convole en justes noces. Après un passage à Leuze-en-Hainaut, il est engagé comme chef de station chez Peugeot et y passe treize années. En 1976, après une « évasion » spectaculaire, une spécialisation en gazogènes, un parcours militaire de près de quatre ans, des centaines de rivets placés sur des Spitfire mitraillés par les Allemands et une carrière professionnelle exemplaire, Frans Schats opte pour un retraite paisible dans la jolie commune d'Ellezelles...

CHAPITRE IX

Amblie, le 2 août, 11 h 30.

Un avion de transport britannique atterrit sur l'aérodrome du petit village d'Amblie. Deux capitaines du *Belgian First Infantry Brigade*, la future brigade Piron, sautent de la carlingue. Ils représentent les premières troupes belges sur le territoire français.

Amblie

Petit village du Calvados situé à cinq kilomètres des plages du débarquement. Le 29 juin 1944, le *Red Ensign* canadien flotte sur le quartier-général de la première armée du Canada. C'était la première fois que les Canadiens combattaient sous leurs propres couleurs.

Avec un peloton de treize hommes, cette avant-garde a une mission de reconnaissance et de prise de contact. Le capitaine René Didisheim est le bras droit et ami du colonel Piron. Ils se sont rencontrés sur le *Batory*, qui faisait route de Gibraltar vers l'Angleterre. Après une rocambolesque fuite vers la liberté, le grenadier du 2e régiment est tout heureux de faire connaissance avec ce major, qui lui aussi veut continuer à se battre pour son pays.

Après leur passage à la *Patriotic School*, ils rejoignent les Forces belges et portent fièrement sur l'épaule le badge « Belgium ». Incorporé dans l'état-major de la *First Belgiam Troup*, Didisheim occupe un poste clef dans l'unité, il est officier de renseignement.

Général Crerar

Henri Duncan Graham « Harry » Crerar est le commandant des armées de terre canadiennes. Nommé général en 1944, il termine sa carrière publique comme diplomate.

À ce titre, il arrive à Amblie où il prend contact avec le général Harry Crerar, commandant la première armée canadienne. Accompagné par le capitaine Howell de la batterie d'artillerie, les deux hommes préparent l'arrivée prochaine du gros de la troupe, prévue d'ici quelques jours. Le travail ne manque pas, et les officiers seront heureux d'accueillir leur chef dans le petit port de Courseulles, qui avait déjà eu l'honneur de recevoir le général Charles de Gaulle, Winston Churchill et le roi d'Angleterre Georges VI.

La Brigade Piron

La légende a retenu la date du 6 juin 1944 comme point de départ du débarquement en Normandie. Mais, avant et après cette date hautement symbolique, des événements importants sont à relever dans ce que l'Histoire appelle « La bataille de Normandie ».

Certes le jour J a marqué les esprits du monde entier, mais les combats les plus violents se sont déroulés entre le 10 juin et la fin du mois d'août.

Après avoir pris pied sur le littoral français, les troupes alliées ont progressé dans plusieurs directions. Les Anglais et les Canadiens avancent vers Caen malgré les difficultés naturelles rencontrées sur le terrain. Le siège de la ville dure trois semaines et, pendant ce temps, les unités américaines se trouvent confrontées à un regroupement des principales Forces allemandes dans la fameuse poche de Falaise. Les combats sont d'une âpreté incroyable, et il faut attendre la percée du front à Avranches pour enfin débloquer la situation. Un peu plus au Nord, les premiers éléments belges débarquent et vont nettoyer la Côte Fleurie de toute présence ennemie.

Côte Fleurie

La côte normande comprise entre les embouchures de la Seine et de l'Orne porte le nom de Côte Fleurie. L'adjectif « fleurie » fait référence aux nombreux pommiers de la région du Pays d'Auge et à leurs fleurs.

Si « le jour le plus long » vit plus de 135 000 hommes débarqués sur les côtes françaises, il faut préciser que 2 500 000 soldats ont foulé le sol normand en moins de deux mois et demi. Les ports artificiels, les fameux *Mulberries*, ont été bien nécessaires pour permettre d'acheminer des renforts et du matériel en nombre. Cette prouesse technique, à laquelle participa d'ailleurs l'Anversois Hugo van Kuyck, fut malheureusement partiellement endommagée par une gigantesque tempête qui s'abattit sur les côtes le 19 juin. Le port de Saint-Laurent-sur-Mer est devenu irréparable, et celui d'Arromanches devra assumer seul sa lourde mission. L'efficacité de cet ouvrage d'art impressionnant fut portée à son maximum, et près de dix mille tonnes de matériel furent acheminées quotidiennement.

Mulberry

Devant les évidentes difficultés de prendre un port de mer, les Alliés ont imaginé la création de ports artificiels. Un *Mulberry* complet nécessite près de six cent mille tonnes de béton. Il est constitué d'un assemblage de caissons dénommés Phoenix. L'ouvrage de Saint-Laurent-sur-Mer est prévu pour les troupes américaines devant *Omaha Beach*. De leur côté, les Anglo-Canadiens utilisent le port d'Arromanches qui sera rebaptisé Port Winston.

Cette porte d'entrée en Europe voit les toutes premières troupes belges débarquer le huit août : la Brigade Piron entre dans le conflit. Après la bataille de Normandie, cette vaillante unité belge des forces terrestres délivrera Bruxelles, participera à la bataille des Ardennes, et sera engagée dans les combats pour la libération du territoire hollandais. Un parcours pénible mais glorieux pour cette brigade belge que l'Histoire a dénommée de plusieurs appellations : Libération ou Piron du nom de son chef charismatique, le colonel Jean-Baptiste Piron, dit *Le lion*...

Militaire dans l'âme...

Pour beaucoup, la petite ville de Couvin a acquis une notoriété mondiale grâce à la célèbre fabrique de raquettes de tennis Donnay. Mais pourtant, cette sympathique bourgade a aussi vu naître une figure emblématique de la libération de la Belgique.

En effet, le 10 avril 1896, Jean-Baptiste Félicien Louis Joseph Piron voit le jour. Il terminera une brillante carrière militaire avec le grade de lieutenant-général et aide de camp du roi Baudouin Ier.

Dès l'âge de 14 ans, Jean-Baptiste suit les cours de l'Athénée d'Ixelles avec un de ses meilleurs amis, George de Lovinfosse. Entré à 17 ans à l'École militaire, le 30 octobre 1913, il s'engage comme volontaire de carrière. Ainsi, il participe à la Première Guerre mondiale, et dirige un peloton au sein du deuxième bataillon du 2e de ligne. Son régiment se replie sur l'Yser, où il est nommé lieutenant.

Nous sommes le 26 mars 1916. Muté au 22e de ligne, il est hospitalisé à Cabourg pour une appendicite. Passé un moment à la 6e escadrille de reconnaissance en mars 1918, il effectue une mission à basse altitude au-dessus des lignes ennemies. Touché, il est blessé lors de l'atterrissage de son avion.

Promu capitaine en second en septembre, il rejoint le 22e de ligne et ensuite le 2e Grenadier. En 1920, il entre à l'École de guerre, et y obtient son brevet d'état-major à 24 ans, nous sommes le 6 janvier 1925. Poursuivant sa brillante carrière militaire, Piron est nommé à l'état-major du 2e corps d'armée à Anvers l'année suivante. Jean-Baptiste Piron intègre le régiment de Cyclistes-Frontière à Henri-Chapelle avec le grade de capitaine-commandant.

Cyclistes-Frontière

Les UCyFr, ou unités de Cyclistes-Frontière ont été créées avant-guerre pour surveiller les frontières de la Belgique. Ils seront un peu plus de deux mille à se retrouver les premiers face aux envahisseurs allemands. Ces unités étaient constituées uniquement de volontaires, qui s'engageaient pour trois années. La particularité de ces « gardes frontaliers » résidait dans le port d'un béret basque de couleur bleu roi orné d'une roue cycliste.

En 1936, le nouveau major Piron est accueilli aux Ier et 2e Grenadiers avant de se retrouver sous-chef d'état-major du IIe Groupe d'armée à Anvers. Au début des hostilités, l'état-major du 5e Corps d'armée le compte dans ses rangs. Mais dix-huit jours plus tard, la capitulation est décidée par le roi Léopold III, et les officiers belges sont regroupés et internés à Maria-ter-Heide. Le Couvinois ne l'entend pas de cette oreille, et finit par s'évader. Son arrestation par les troupes allemandes le conduit dans un stalag d'Aix-la-Chapelle, d'où il s'évade à nouveau.

En avril 1941, il décide de quitter le territoire belge et de rejoindre l'Angleterre. Des milliers de kilomètres attendent l'évadé qui risque tout pour rejoindre les Forces belges libres.

Jean Swalue, un ancien de la Brigade Piron, écrit : « Je sais qu'il m'est interdit de prendre les armes contre les Allemands, mais également que tous ceux qui rejoignent Gibraltar, la Grande-Bretagne ou les colonies françaises encourent une accusation de trahison. En cas d'échec, la pendaison chez les Allemands, la torture et la prison chez les hommes de Vichy ou en Espagne, une balle dans la peau lors des passages clandestins de la ligne de démarcation ou des frontières. »

Toutes ces possibilités bien peu réjouissantes constituaient le lot de tous ceux qui tentaient de quitter les territoires occupés pour reprendre le combat. Le périple de Jean-Baptiste Piron le voit passer par Nîmes, Montpellier, Marseille et l'Espagne. À Palavas-les-Flots, célèbre petite station balnéaire du golfe du Lion, il déniche un petit voilier, fait naufrage en Méditerranée et rejoint la côte.

Il traverse les Pyrénées à pied et se cache quelque temps à Barcelone. Ce n'est qu'à Gibraltar qu'il peut, comme tant d'autres évadés, se sentir enfin en sécurité et en pays ami. Prendre un bateau dans cette enclave britannique est un jeu d'enfant.

Le 6 janvier 1942, le débarquement est opéré en Écosse à Greenock dans l'estuaire du fleuve Clyde. La célèbre *Patriotic School* ou *Royal Victorian Patriotic School*, passage obligé de tous les étrangers arrivés dans les îles Britanniques, lui ouvre ses portes.

Un mois après son arrivée à Greenock, Piron est appelé à prendre une nouvelle fonction au sein de l'état-major des Forces terrestres belges. Depuis 1940, le capitaine-commandant BEM Charles Cumont est l'adjoint de l'attaché militaire belge à Londres.

En accord avec le ministère de la Guerre britannique, il a décidé de regrouper tous les militaires de notre pays présents en Angleterre. Nous sommes le 25 mai et la Belgique ne capitulera que le 28.

Un camp de regroupement est constitué à Tenby, qui accueille des militaires belges qui ont pu être évacués à Dunkerque. En juillet, près de cinq cents hommes sont à disposition du nouveau commandant des Forces belges en Grande-Bretagne, le lieutenant-général baron van Strydonk de Burkel.

Le chef de cette unité en formation en confie le commandement au major Piron et les troupes sont mises à disposition des Alliés le 4 juin 1942. À la fin de cette année, une restructuration des forces permet la création du 1er groupement belge au sein duquel on compte également des ressortissants luxembourgeois. Les entraînements rendent les hommes de plus en plus aguerris et ils participent même à de véritables répétitions de débarquements.

La perspective de participer au débarquement en Normandie se profile à l'horizon, mais finalement, le *First Belgian*

Independant Group ne fait pas partie des premières vagues d'assaut. Gardé en réserve par les autorités britanniques, il ne débarque en France qu'au début du mois d'août en compagnie de la brigade néerlandaise *Princesse Irène* du lieutenant-colonel de Ruyter van Stevenick, de la 2e DB française, de la première division blindée polonaise du général-major Stanislaw Maczek et de la première brigade blindée tchécoslovaque du général-major Aloïs Liska.

La bataille de Normandie

Le 31 juillet, la marche vers la Belgique débute pour le premier groupement belge. Le 29, l'ordre émanant du 21e Groupe d'armée est arrivé sur le bureau de Jean-Baptiste Piron. Tout le monde s'affaire et se prépare à enfin participer activement aux opérations. En route pour l'Europe et... la Belgique. L'excitation est à son comble et un LST emporte l'avant-garde de l'unité. Un peloton de chacune des trois unités motorisées embarque à Tilbury et, dès leur arrivée à Arromanches, ils préparent l'arrivée de leurs frères d'arme.

Deux jours plus tard, le capitaine René Didisheim, l'officier de renseignement, et le capitaine Howell de la batterie d'artillerie accompagnent treize hommes vers le sol français. Le groupe atterrit à l'aérodrome allié d'Amblie, situé non loin du port de Courseulles et de l'état-major de la première Armée canadienne. Ce petit bourg normand est le point de départ d'une véritable marche triomphale, mais semée d'embûches vers la Belgique!

Le 4 août, un courrier apprend la nomination de Jean-Baptiste Piron au grade de colonel. Le jour même, les quelque cinq cents véhicules et les hommes de la brigade prennent place à bord de quatre liberty ships.

La traversée de la Manche depuis l'avant-port de Londres se déroule sans ennui. L'*Empire Gladstone*, le *Paul Benjamin*, le *Henry Austen* et le *Finlay* rejoignent un convoi en formation dans l'estuaire de la Tamise. Les navires appareillent le 6 août en début de soirée.

Convoi Brigade Piron

Les unités de la Brigade Piron ont été réparties dans quatre bâtiments de la Navy, dont un cargo l'*Empire Gladstone*. À son bord: la 1re unité motorisée et la batterie d'artillerie. Dans les trois Liberty ships, les troupes belges sont réparties entre *l'Henry Austen*: état-major, 2e unité motorisée et les transmissions; sur le *Paul Benjamin*: l'escadron d'autos-blindées et sur le *Finlay*: la 3e unité motorisée.

Après deux jours de mer, le 8 août en matinée, le débarquement des véhicules se déroule sans encombre à Arromanches et le personnel débarque à Courseulles. La Brigade Piron entre directement dans le vif du sujet, et fait rapidement route vers leurs tous premiers points de chute en France: Douvres-la-Délivrande et Plumetot. Les deux petites localités de Basse-Normandie accueillent l'unité belge pour son premier bivouac dans le Calvados.

Placés sous le commandement de la 6e *Airborne division* du général-major Gale, les Belges se préparent à écrire une des plus belles pages de l'histoire militaire de notre pays. Après les premiers contacts entre les Britanniques, sur le terrain depuis la nuit du 5 au 6 juin, et le colonel Piron, la Brigade est disposée en réserve sur la rive de l'Orne. Mais le 9, les troupes belges sont amenées à relever le 5e commando anglais toujours au contact des Allemands.

Fions-nous au témoignage du lieutenant Jacques Wanty de la première compagnie du 2e peloton antitank, tiré de son livre: *Combattre avec la Brigade Piron*.

« La 6e division aéroportée britannique avait été larguée la nuit du 6 juin aux abords du fameux pont Pegasus. Les ouvrages d'art sur l'Orne avaient été sauvés et notre brigade belge allait relever une brigade de commandos anglais. Il allait nous revenir l'honneur d'effectuer la rupture des lignes allemandes. »

Les Britanniques faisaient partie de l'opération *Tonga.* En face : une division d'infanterie et la 12e Panzergrenadier SS, la *Hitlerjugend.*

Hitlerjugend

Cette division a été créée le 24 juin 1943 et la plupart de ses membres sont issus des jeunesses hitlériennes. Lors de la bataille de Normandie, elle s'illustre tristement sous les ordres de son jeune commandant Kurt Meyer qui a été, à 33 ans, le plus jeune commandant d'une division lors de la guerre 40-45. Cet officier fait preuve d'une barbarie incroyable en ne faisant aucun prisonnier. Au cours du mois de juin, il a fait exécuter plusieurs prisonniers canadiens et des civils. Ce massacre se déroule les 7 et 8 juin dans l'abbaye d'Ardenne à Saint-Germain-la-Blanche-Herbe près de Caen. Il sera arrêté par des résistants belges le 6 septembre 1944 à Spontin.

Le 14 août, Jacques Wanty reçoit l'ordre de mener une reconnaissance de nuit dans le secteur de Bas-de-Bréville. À l'unité, les volontaires se bousculent pour partir en opération.

« Les avant-postes dépassés, nous nous trouvons dans un *no man's* land et avançons en rampant vers les positions ennemies. Un feu d'enfer s'abat sur la section et je suis touché par une balle qui me fracasse la clavicule. Les grenades explosives et au phosphore atterrissent dans les rangs allemands et nous nous replions avec les renseignements désirés. Durant la manœuvre, nous constatons l'absence de mon second, le sergent Dewandel. Avec le caporal Haene nous retournons vers le poste ennemi et nous tirons le sergent de ce guêpier. Bilan de l'opération : trois blessés. »

Parmi les onze coéquipiers de ce raid, trois seront tués au cours d'actions futures, et le sergent Dewandel sera définitivement réformé.

Mais le même jour, la première brigade belge *Libération* perd son premier homme. Édouard Gérard avait quitté sa Belgique natale et plus précisément sa belle ville de Dinant pour rejoindre les Forces belges en Angleterre. Comme de nombreux évadés, il se retrouve prisonnier au tristement célèbre camp espagnol de Miranda del Ebro.

Miranda del (ou de) Ebro

Ce camp de concentration franquiste avait été créé en 1937 pour accueillir les prisonniers républicains. Au cours de la guerre, ils seront plus de 60 000 à y être internés dans des conditions inhumaines. Mais en 1941, cette sinistre institution est le point de chute des combattants étrangers arrêtés sur le territoire espagnol. Parmi les 642 prisonniers recensés fin 1941, on compte 150 ressortissants belges en route pour rejoindre les troupes alliées. Parmi eux, se trouve ce jeune Dinantais, qui est accueilli par le futur commandant Houbion de la Brigade Piron.

Avec la ferme intention de s'engager dans la RAF le jeune évadé débarque à Londres, n'arrive cependant pas à ses fins et se retrouve versé dans l'infanterie. Repris dans la première brigade belge, il embarque à Tilbury et traverse la Manche en Liberty Ship, au sein de la troisième unité motorisée du major Nowé. Depuis le 13 août, le Groupement est au contact de l'ennemi devant les villages de Sallenelles et d'Hauger. Les pelotons de la 3e unité motorisée sont installés à l'entrée du village, à hauteur de l'école.

Sallenelles

La petite cité de Sallenelles dans le Calvados est située sur l'estuaire de l'Orne. Les commandos britanniques du 45ème Royal Marine y débarquent le 6 juin, et occupent la petite bourgade. Rejoints par d'autres commandos anglais, ils se heurtent à la position fortifiée du Moulin du buisson. Les Britanniques restent plus de deux mois, bloqués dans leurs tranchées jusqu'au déclanchement de l'opération *Paddle.*

Le commandant Georges Houbion relate: « Le 14 août, vers 23 heures, j'accompagnais le chef de corps à Sallenelles. Cette nuit-là, le peloton d'Édouard devait effectuer un raid sur les positions allemandes installées au Moulin du Buisson, situé entre Sallenelles et Franceville. Le peloton était rassemblé avant l'action, dans une ferme à la lisière Nord du village. Édouard était fier et heureux de faire partie de ce raid. Son chef de peloton l'avait désigné pour occuper, avec deux camarades, une tranchée d'où ils pourraient protéger le retour de la pointe du détachement, après la reconnaissance. Cette tranchée était située à quelques mètres d'une maison. Au cours de la mission, une bombe allemande vint éclater contre le pignon de la maison et un éclat, ricochant vers la tranchée, atteint mortellement Édouard Gérard dans le dos. C'était le premier mort de la Brigade, le premier héros de cette unité composée de ceux qui toujours avaient eu foi en la victoire finale. »

Le plus jeune volontaire de l'unité, un Dinantais, appartenait à la 3e section du sergent Dufrane. Il repose au cimetière de Ranville, tombé pour la libération de la Côte Fleurie. Tout au long de cette marche victorieuse, la brigade *Libération* délivre successivement du joug nazi : Sallenelles, Merville, Cabourg, Houlgate, Villers-sur-Mer, Blonville, Ranville, Deauville, Trouville et Honfleur.

Lors des opérations de cette bataille de Normandie, le lieutenant Georges Jacobs, du 3e peloton d'assaut, va s'illustrer à la crête d'Auberville. Conduits par des résistants de Houlgate, les hommes du peloton sont proches des positions ennemies. Ils sont canardés par des tirs de mortiers lourds et de Mauser.

Spandau

L'arsenal royal de Spandau est une très ancienne manufacture prussienne d'armes de guerre. Il est impliqué dans la fabrication et le développement de fusils Mauser. Ce fusil a été fabriqué par l'usine d'Oberndorf durant de nombreuses années. La Waffenfabrik Mauser AG fournit les armes des Allemands, et le 98K devient le fusil standard de la Wehrmacht jusqu'en 1945.

Lors de cet assaut, cinq membres de la Brigade sont tués: le lieutenant Betzebe et les soldats Beckaert, Jadon, Gurhem et De Boeck ainsi que leur guide français le lieutenant Lefèvre. Le combat est intense et les Belges sont freinés par la résistance des Allemands. Jean Maître-Jean est blessé, tout comme le Père Dethise, l'aumônier qui n'a pas hésité à venir secourir les blessés.

Malgré le déluge de feu, la position doit absolument être prise et tous les efforts convergent vers cette épine plantée dans le pied de la patrouille. « Georges Jacobs prend ses responsabilités et, seul, il contourne l'objectif et déverse une à une ses grenades Mills sur la position. Vers 2 h 45, il annonce que la crête d'Auberville est occupée par ses hommes. »

Le lendemain, les Belges entrent dans Deauville où le « pont des Belges » rend hommage au courage de nos compatriotes, et notamment au sacrifice de Simon Rouche et de Marcel Fourner de la 2e UM. Au cours de leur retraite, l'ancien pont de l'Union sur la Touques a été détruit par les Allemands. Une patrouille Recce (reconnaissance), renseignée par des FFI, observe un fortin ennemi installé sur l'autre rive. Composée du caporal Simon Rouche et des soldats Guy Stevens, un Bruxellois amoureux de la musique de Glenn Miller, Roger Destrebeck et du radio Piette, la section de reconnaissance a reçu la mission de découvrir un point d'appui près d'un pont qui enjambe la rivière Touques.

À partir des caves d'un hôtel restaurant partiellement détruit par l'ennemi, les hommes observent la position du fortin et de sa mitrailleuse. Ils signalent la position de ce point de résistance au reste de l'unité. La patrouille annonce également la présence sur les hauteurs d'un canon de calibre 88.

Le travail est réalisé, mais le caporal Rouche aperçoit un grand bâtiment qui s'avère être la gare de Deauville. Il décide alors de quitter ses co-équipiers pour obtenir une meilleure vision de la position allemande. Il prend son arme, demande à ses compagnons de le couvrir et, traverse la rue, où il se fait abattre par une rafale ennemie, en dépit des avertissements de ses camarades. Le destin clôt tragiquement la vie de ce vaillant baroudeur. Deauville tombera entre les mains alliées le 22 août 44 et, Roger Destrebeck, témoin et acteur de cette libération, raconte son odyssée dans son livre *Au hasard d'une guerre...*

Opération *Paddle*...

Durant leur marche libératrice de la côte normande, les hommes de la Brigade sont confrontés à des situations pénibles dont le drame de Varaville est un des exemples les plus tristes. Une colonne de Bren-carriers fait route et passe le pont sur la rivière Divette lorsque le troisième engin saute sur une mine antitank.

Bren Carrier

Chenillette d'infanterie de construction britannique, conçue par Vickers-Armstrong. L'équipage était composé de deux hommes, le chauffeur et le mitrailleur. L'engin pouvait transporter trois soldats avec leurs équipements. Plusieurs versions ont été utilisées durant la Seconde Guerre mondiale : la *Medium Machine Gun Carrier* avec une mitrailleuse Vickers, le *Bren Gun Carrier* pour l'infanterie, le *Scout Carrier* pour les missions de reconnaissance et le *Cavalry Carrier* pour la lutte antichar.

Il se retourne sur son équipage, et devient rapidement un piège mortel. Juste après l'explosion, le *Bren* prend feu, et trois membres de l'équipage meurent dans des conditions apocalyptiques, malgré les secours portés par les autres tankistes. Le sergent Van Den Plas, les soldats Claessens et Massonet restent prisonniers de la carcasse en feu. Seul, le soldat Delstanche parvient à sortir du brasier. Ils faisaient tous partie de la première compagnie de la 3e troop de MMG (*Medium Machine Gun Vickers*). Leurs camarades resteront à jamais marqués par cet épisode tragique mais n'en continueront pas moins leur avancée victorieuse.

Les hasards des combats et les aléas de la vie ont même placé face-à-face deux frères lors de la marche vers la Belgique. Le fait n'est certainement pas unique, mais il mérite d'être conté.

Les frères Keil sont nés à Rocherath, dans la région des cantons rédimés qui, au gré des conflits, a changé d'appartenance. Émile et son char font route vers Abbeville tandis qu'un sergent parachutiste de la Wehrmacht saute pour lui barrer la route. Ce para n'est autre que son jeune frère Arthur.

« Avant de traverser la rivière, une patrouille de neuf hommes est envoyée en reconnaissance. Elle se heurte à un groupe de parachutistes qui est obligé de se replier vers Abbeville. Finalement, quelques paras sont capturés par des troupes canadiennes, et parmi eux se trouve Arthur... Pour lui, la guerre est terminée ! » Les « frères ennemis » malgré eux n'auront pas dû s'affronter, et se retrouveront, en février 1946, avec des regards profondément marqués par la guerre vécue dans des camps opposés. Pierre Thonon dans le célèbre hebdomadaire *Pourquoi Pas?* a fait écho de ce pied de nez de la vie à deux Belges perdus dans la tourmente.

Opération *Paddle*

Cette opération, menée par les Alliés, se déroule entre les 18 et 25 août 1944. L'objectif est de libérer la côte normande depuis les plages du débarquement jusqu'à la Seine. Les troupes britanniques sont aidées par les brigades belges, hollandaises et polonaises.

Mais revenons un peu en arrière dans le temps et étudions un peu l'opération *Paddle* ou « aviron ». Le 17 août au petit matin, l'alerte est donnée. Le Groupement belge va accentuer sa pression sur les troupes allemandes qui tiennent encore de fortes positions sur la Côte Fleurie. Mais les Belges ne sont pas les seuls à entrer dans la danse. La brigade néerlandaise *Princesse Irène*, le 12e *Devons*, le 1er *Royal Ulster Riffles* et le 2e *Oxfordshire and Buckinghamshire Light Infantry, Ox and Bucks,* complètent le dispositif.

Les troupes alliées suivent l'axe côtier et un second itinéraire parallèle à la mer qui relie Troarn à Pont-L'Évêque. Cette opération durera jusqu'au 25 août, et est placée sous le commandement du major-général Richard Gale, de la 6e *Airborne* britannique.

Dans le bocage normand, les unités belges et alliées sont parties pour une odyssée de plus de cinq cents kilomètres. Dès l'ouverture des hostilités, le colonel Piron lance de fortes patrouilles de reconnaissance composées d'éléments des 2es et 3es UM. Les blindés belges avancent, mais l'opposition ennemie est redoutable. Mines et artillerie provoquent des pertes tant en hommes qu'en matériel. Néanmoins, le front progresse lentement. Franceville est libéré, et la fameuse redoute blindée du Moulin du Buisson est emportée par les voltigeurs de l'escadron blindé. En fin de journée, les objectifs de la Brigade sont atteints, et la marche en avant peut se poursuivre.

Cette avancée ne s'est malheureusement pas déroulée sans dommages. L'adjudant Petrus Harboort et un démineur sautent sur une mine après en avoir neutralisé une douzaine. Le scout-car de Rouzée, envoyé seul comme cobaye, saute également. Les Allemands avaient solidement piégé le terrain, en disposant notamment des doubles mines superposées et reliées par un mince fil. De bien redoutables pièges ! Le Génie travaillera sans relâche afin de permettre aux petites autos blindées belges de progresser dans ce bocage truffé de pièges, et ses hautes haies qui empêchent toute vision panoramique.

Pourtant, au cours de ces combats retardataires, certaines unités allemandes sont en proie au découragement, et se rendent aux Belges. Un groupe de soldats polonais hisse le drapeau blanc. Un émissaire est interrogé et signale que ses compagnons ne veulent plus combattre les Alliés. Le soldat Danneau, est envoyé vers le point de résistance ennemi et le groupe de soldats de la Wehrmacht. Il en revient avec deux mortiers, des armes légères et... les Polonais embrigadés de force dans les troupes allemandes. Quelques jours plus tard, ces mêmes soldats changent d'uniforme, et combattent dans les rangs de la brigade polonaise formée en Grande-Bretagne.

Pendant ce temps, le 4e peloton du sous-lieutenant Pelsmaeckers reçoit l'ordre de protéger l'avance du 12e Devonshire, et d'ouvrir la route vers Bréville et Franceville. La mission est un beau succès. Des prisonniers avouent que la ville est truffée de pièges, et elle ne sera investie par les troupes du premier Groupement que le lendemain matin. La progression vers le nord et la Seine se poursuit sans relâche. Le 20 août, les Belges entrent dans la cité de Cabourg, et l'escadron d'autos blindées Daimler placé sous les ordres du major Frédéric de Selliers de Moranville, dit *Friquet*, est en position à Goustainville.

Troop

Terme utilisé par les Anglais pour désigner un escadron de tanks. Ces petites unités sont très rapides et mobiles.

Lors du briefing matinal avec ses chefs de peloton, le colonel Stuart, commandant du groupe de reconnaissance britannique lui donne l'ordre de « trouver l'ennemi ! » Le major lance donc sur les routes normandes ce que les Anglais dénomment les « troops ». Ils sont cinq groupes commandés par Jules Floridor, Roger Dewandre, Albert Pelsmaeckers, Marc Verhaeghe de Nayer et Charles-Émile d'Oultremont de Warfusée. Ces « troops » sont équipés chacun de trois autos blindées, deux scout-cars ou véhicules de reconnaissance, deux jeeps avec leurs voltigeurs et deux estafettes motocyclistes. Au départ de Putot-en-Auge, les blindés légers sont répartis sur différents axes, et le lieutenant Roger Dewandre et sa « troop 2 » s'engagent sur la route qui relie Dozulé à Annebault.

Daimler Scout Car

L'entreprise BSA est le concepteur de ce véhicule de reconnaissance léger et rapide (près de 90 km/h), qui est connu sous le surnom de *Dingo*. Cette petite voiture blindée pour deux membres d'équipage est équipée d'un BREN, fusil-mitrailleur anglais, ou d'une mitrailleuse Vickers. Le blindage était relativement faible, 30 mm, et le véhicule était très vulnérable face aux mines. Il utilisait des pneus en dur, pratiquement increvables. Le Daimler Scout Car était muni d'une radio, ce qui en faisait également un excellent engin de reconnaissance.

Des ordres plus précis arrivent du général James Hill, qui n'a plus de liaison avec ses propres unités. Il veut absolument obtenir des renseignements précis sur les positions des troupes allemandes, et il envoie les hommes de la « deux » vers Branville. En vue du village, il est décidé de laisser une partie des effectifs en appui arrière afin de protéger une éventuelle retraite rapide en face d'un ennemi trop nombreux. La colonne se réduit donc, et seuls le scout-car *Cycloon* de Matagne et la *Calamity* de Dewasme entrent dans un petit village qui paraît bien calme.

Lors de cette reconnaissance, les deux véhicules tombent sur des soldats ennemis, qui se regroupent au beau milieu de la route. Surpris, ils sont fauchés par les tirs belges. Mais les maisons qui bordent l'axe routier sont encore bourrées de fantassins. Le scout-car de Matagne fonce droit devant lui et, finalement, se trouve nez à nez avec un canon antichar. L'ennemi n'a pas le temps de tirer, que déjà il rebrousse chemin. Le véhicule de reconnaissance rejoint Dewasme qui n'a plus d'autre choix que de sortir de ce guêpier, et de rejoindre le reste de ses hommes toujours postés à l'entrée de Branville.

Les hommes de la «*troop two*» lâchent tout ce qu'ils peuvent pour fixer les Allemands dans le village, et les obliger à ne pas sortir en contre-attaque. La manœuvre réussit, et le lieutenant rentre faire rapport de cette journée mouvementée à ses supérieurs. Le bilan est très positif: les renseignements rapportés confirment la présence d'un fort détachement allemand dans le village, et servent de base d'intervention pour les commandos du général Hill. Mais en plus, le raid se solde par le retour intact de tous les véhicules engagés, et sans aucun blessé. Pour cette action d'éclat, une *Military Cross* bien méritée sera décernée au lieutenant Roger Dewasme pour sa conduite exemplaire face à l'ennemi.

Military Cross

La Croix militaire anglaise est la troisième plus haute décoration décernée aux officiers des Forces terrestres. Lors de la Seconde Guerre mondiale, près de dix mille *Military Cross* sont épinglées pour des services exceptionnels au combat. Depuis quelques années, elle peut être attribuée à tout militaire britannique sans limite de grade.

Au cours de cette journée mémorable, l'escadron blindé belge a gagné douze kilomètres sur l'ennemi et a fait une quinzaine de prisonniers. Le lendemain, le premier Groupement belge atteint la rivière Touques, et le général Gale convoque le colonel Piron pour le féliciter de sa rapide avancée. Deux jours plus tard, le chef de corps donne l'ordre de reprendre la progression et de bousculer l'ennemi. Le *First Belgian Group* pousse de plus belle, entre dans Honfleur, et prend la direction de Fiquefleur et de son pont. Au cours de ce rapide mouvement, les hommes de Verhaege de Nayer essuient des tirs antichar. Le chauffeur Guillaume Van Den Broeck est tué par un projectile qui touche son scout-car de plein fouet.

Les affrontements se multiplient et les Allemands s'accrochent au terrain avec une détermination farouche. Infanterie et blindés unissent leurs efforts pour se rapprocher de la Seine et du port du Havre que l'on aperçoit dans le lointain. Au cours d'affrontements meurtriers, le soldat François Mouchet de la 3e UM se porte volontaire pour secourir des camarades blessés qui se trouvent toujours sous le feu de l'ennemi. N'écoutant que son courage, il ramènera deux blessés, et sera touché mortellement lors de sa tentative de sauver un troisième frère d'arme. Le 26 août au matin, le 5e peloton du lieutenant d'Oultremont reçoit un ordre de mission : s'assurer de la possibilité de franchir le pont de Poulbec, sur la Risle.

La Risle

La Risle est une rivière de Normandie qui est le dernier affluent de la Seine. Au XVIIe siècle, le cours d'eau était navigable jusqu'à Pont-Audemer. Tout au long de ses cent quarante-cinq kilomètres, elle serpente dans les départements de l'Orne et de l'Eure. Elle est soumise à l'influence des marées à son approche de la Seine.

Cette journée est propice à la progression de ses hommes qui, protégés par un épais brouillard, remontent la rive droite de la rivière jusqu'au pont. Sur l'autre rive, les Allemands sont bien présents mais n'interviennent pas. Le scout-car de tête *Furet*, du brigadier Leleu, arrive à moins de deux cents mètres du pont lorsque l'ennemi le fait sauter et, déclenche un feu nourri. Ce traquenard n'arrête pas les Belges, et les voltigeurs du peloton font une bonne dizaine de prisonniers. Des patrouilles sont lancées afin d'évaluer la situation, et quelques heures plus tard, la 3e compagnie se joint à la 5e sous l'œil médusé des Allemands, qui ne tardent d'ailleurs pas à réagir. Une pluie d'obus s'abat sur les véhicules. Sa mission terminée, le lieutenant d'Oultremont demande la permission de rejoindre l'escadron. Le contact avec l'ennemi est maintenu jusqu'à 16 heures, et les Belges se regroupent au sud de Pont-Audemer avant de recevoir l'ordre de rejoindre la Brigade à Berville-sur-Mer.

Le village accueille le premier groupement pour un repos mérité de deux jours, et reprend le combat sous les ordres de la 49e division, la *West Riding,* du général Evelyn Hugh Barker. Durant ces journées, les troupes belges prennent un peu de repos mais procèdent également à l'entretien des véhicules et de l'armement. Il ne reste plus que quelques kilomètres de côtes à nettoyer avant de terminer l'opération *Aviron*, et de libérer totalement la région. Dans un témoignage au sujet de la libération de la Côte Fleurie, Marc d'Oultremont souligne: « Nous sommes fourbus, mais heureux d'avoir participé avec succès au dégagement de la Normandie. Ainsi se termine pour nous la campagne de Normandie. »

Le bilan humain du *First Belgian Group* est chiffré à 27 tués, 65 blessés graves évacués vers l'Angleterre et 27 légers, soignés et ayant rejoint leurs unités.

En route vers Bruxelles...

Si la « bataille de Normandie » est terminée selon le récit du lieutenant d'Oultremont, il n'en reste pas moins une mission essentielle pour la brigade belge: libérer la capitale! La Seine et son estuaire sont tout proches et Anglais et Belges, unis dans un même combat, doivent trouver un endroit où franchir le fleuve. Mais entre eux et le grand port du Havre situé sur l'autre rive, une poche importante de soldats allemands s'est constituée dans l'épaisse forêt de Brotonne. Située dans le creux d'un méandre de la Seine, ces 6 700 ha de bois sont pris sous le feu de la batterie d'artillerie belge. Elle pilonne sans relâche les troupes ennemies, qui abandonnent un important matériel lors de leur retraite précipitée vers le nord.

La Mailleraye-sur-Seine

La petite ville de La Mailleraye-sur-Seine paye d'ailleurs un lourd tribut à ces jours de guerre proches de la libération. Point stratégique du repli allemand, la cité sera détruite à

80 % par les bombardements alliés. La ville martyre reçut quelques années plus tard la Croix de guerre avec étoile de bronze décernée aux villes les plus détruites lors de la Seconde Guerre.

Dans leur recherche de renseignements sur les possibilités de rejoindre Le Havre au plus vite, et de sauver des installations portuaires extrêmement précieuses, tous les moyens seront mis en œuvre pour réussir cette opération.

Proche de la mer, la Seine représente quand même un large plan de trois à quatre cents mètres et le franchissement représente une mission délicate. Pour y arriver, les Britanniques utilisent trois points de passage différents à hauteur de Caudebec-en-Caux et en amont. Les unités franchissent le fleuve les unes après les autres sur des radeaux à moteurs. Les blindés du major de Selliers de Moranville avec à leur tête le colonel Piron passent les premiers et prennent position sur la rive droite. Le transfert des forces alliées est lent et dure près d'une trentaine d'heures. De son côté, l'escadron traverse à son tour à partir de La Mailleraye-sur-Seine.

L'état-major s'installe à Caudebec-en-Caux et le lendemain, l'attaque vers Le Havre est lancée. Tous les hommes font mouvement vers le grand port français quand le général Barker appelle le colonel Piron pour lui transmettre les nouveaux ordres du commandement allié. La Brigade *Libération* doit arrêter sa progression, et est relevée par les tommies de la 49e division. Le regroupement de l'unité belge terminé, les ordres tombent : faire mouvement vers Arras.

Vers la mi-journée, le deux septembre, la brigade belgo-luxembourgeoise roule sans arrêt vers la Belgique. La route paraît belle pour ces hommes qui combattent depuis le début du mois d'août. Ils vont enfin revoir leur pays, leurs familles, rassurer tous ceux qu'ils aiment. Le premier véhicule de la Brigade Piron franchit la frontière à 16 h 43 le 3 septembre. Le petit village de Rongy, situé un peu au sud de Tournai, a l'honneur d'être traversé par la brigade belge, qui roule à tombeau ouvert vers Bruxelles. La veille déjà, les troupes alliées ont franchi la frontière franco-belge, et la 2e armée britannique du général Miles Dempsey libère Tournai avant de rallier Bruxelles.

Général Miles Dempsey

Cet ancien de Sandhurst avait débarqué le jour J et menait avec succès ses troupes vers la frontière allemande et le Rhin. Mais c'est bien le général Brian Horrocks, commandant du 30e Corps d'armée britannique qui donne l'ordre à la deuxième division blindée des *Guards Armoured* du major-général Allan Adair de libérer la capitale belge.

L'accueil est triomphal pour les *Guards*, qui entrent dans la ville par l'avenue de Tervueren, le dimanche 3 septembre en début d'après-midi. La Brigade *Libération*, faisant partie intégrante de ce Corps d'armée, entre elle aussi dans une ville en liesse, mais le lendemain...

Après quatre années d'occupation, le moment est grandiose, et colonel en tête, la colonne motorisée fait sa joyeuse entrée par la chaussée de Mons.

La plume alerte de Roger Destrebecq nous conte les souvenirs de son ami Guy Stevens : « Par la rue Royale, au milieu d'une frénésie collective, toute la Brigade défile devant le soldat inconnu. Lentement, en approchant du Botanique, mon cœur se mit à battre. Nous approchions de la demeure de mes parents qui, à cette époque, habitaient une petite rue près de l'église Sainte-Marie. Mais je n'eus pas la chance de les retrouver ce jour-là.

Quelques jours auparavant, ils avaient évacué la ville pour la campagne. Passé la gare du Nord, la colonne tourne à gauche et, suivant le canal Charleroi-Bruxelles, arrive à la caserne du Petit Château transformé en cantonnement provisoire pour la première compagnie. »

Les véhicules garés dans la cour, les hommes reçoivent un « quartier libre » jusqu'au lendemain à 7 heures. Guy Stevens de la première compagnie Recce part vers la Grand-Place où son oncle tenait un établissement. La joie était présente dans tous les cœurs des citoyens et les membres du Front de l'indépendance remplissent les prisons d'anciens collaborateurs et d'inciviques de tout poil. Malheureusement, les joies de la victoire et les retrouvailles familiales sont de courte durée. Le 11 septembre au matin, la Brigade met le cap vers l'est et la Hollande. L'objectif est déjà désigné : le canal de Wessem.

En Hollande, le soldat Guy Stevens tombe sous les balles ennemies lors d'une patrouille à laquelle il ne devait pas participer. Il avait remplacé au pied levé son camarade Roger Destrebecq qui avait reçu une permission de huit jours en Angleterre. En effet, les soldats belges qui avaient épousé de jeunes Anglaises pouvaient rejoindre leur femme si les impératifs du service le permettaient. Le premier novembre 1944, une grande amitié et une complicité de tous les instants sont brisées net. La première campagne de Hollande voit encore la Brigade Piron s'illustrer avant de rejoindre le pays en novembre. Entretemps, le prince Charles, régent du royaume, vient visiter l'unité, et rencontre le colonel Piron. La base de repos est située à Leuven où de jeunes recrues sont formées.

En avril 1945, les ordres tombent : retour en Hollande pour la seconde campagne. Au cours de leurs nombreuses missions, les troupes belges perdent encore quarante-cinq de leurs compagnons, avant de rejoindre l'Allemagne après sa capitulation. En décembre 1945, la célèbre « Brigade Piron » est démobilisée après avoir écrit une merveilleuse page de l'histoire de la Belgique.

Après la guerre...

Les hostilités terminées, le colonel Piron poursuit sa brillante carrière militaire et, dès septembre, est nommé aide de camp de S.A.R. le prince régent Charles. Trois mois plus tard, le grade de général-major lui est octroyé, et il commande la 2e division d'infanterie belge. Les nominations se suivent et, l'année suivante, le général Piron est placé à la tête des troupes belges d'occupation en Allemagne. Une nouvelle promotion attend encore cette figure emblématique de la libération. Décembre 1947 le voit promu au grade de lieutenant-général. Mais la reconnaissance des autorités pour cet extraordinaire meneur d'hommes ne s'arrête pas pour autant.

En janvier 1951, il devient chef d'état-major des Forces terrestres et aide de camp du roi Baudouin Ier. Un dernier titre de président des chefs d'état-major lui revient, et c'est donc à la tête des Forces armées belges que Jean-Baptiste Piron prendra une retraite bien méritée en 1957.

Le lion aura marqué de son empreinte quarante-cinq années de la Belgique, aura participé activement à deux guerres et jouira d'une retraite paisible. Tout auréolé de sa gloire et d'un prestige hors du commun, il décèdera le 4 septembre 1974 à l'âge de 78 ans, le jour anniversaire de son entrée triomphale dans Bruxelles libéré.

C'était trente années plus tôt et aucun Belge ne l'avait oublié...

Mais d'autres compagnons du célèbre général belge se sont eux-aussi taillé de solides réputations après la capitulation allemande. Le sous-lieutenant ***Guy Weber*** de la 3e compagnie, 6e peloton de mitrailleuses lourdes Vickers de la Brigade Piron a connu un destin particulièrement tumultueux.

En 1960, après l'indépendance du Congo belge, des événements graves secouent le pays. Les troupes coloniales entrent en rébellion contre leurs officiers et cette mutinerie provoque de graves tensions sur l'ensemble du territoire. Tout commence à Léopoldville le 5 et au camp de Thysville le 11 juillet alors que l'indépendance a été proclamée le 30 juin. Le lieutenant-général Émile Janssens, commandant en chef de la Force publique, déclare publiquement : « Avant l'indépendance = après l'indépendance ! » Pour lui, rien ne changera pour les hommes en uniformes. La rébellion de la Force publique se solde par la sécession de la plus riche province du jeune pays. Le Katanga veut vivre seul !

Moïse Tschombe venait de s'autoproclamer chef du gouvernement sécessionniste du Katanga, et par la même occasion, se désolidarisait du Congo et du gouvernement central de Léopoldville.

L'embarras du gouvernement belge était total, d'autant plus qu'il était très critiqué par l'opinion publique internationale, sur sa gestion hésitante et controversée de la crise congolaise. La mutinerie est réprimée, et dans la capitale du cuivre, l'ordre règne à nouveau, les magasins, et les marchés s'ouvrent. La population européenne notamment, se sentant protégée et sécurisée, réintègre ses foyers désertés pendant un certain temps.

Durant la sécession katangaise, le colonel Weber fut le conseiller militaire du président katangais Moïse Tshombe, mais également le chef d'état-major de la nouvelle armée, les gendarmes katangais. Jusqu'en 1963, il prestera comme chef de cabinet et conseiller spécial du président.

Et bien d'autres...

Roger Genis, un ancien des Chasseurs ardennais en 1940, a rejoint Londres pour continuer le combat et est incorporé dans le premier Groupement belge. Remarqué par le général Piron, il est dirigé en janvier 1945 vers le 164 OCTU (*Officer Cadet Trainer Unit*), une école d'officier de l'armée anglaise installée à Barmouth dans le pays de Galles. Adjudant, il rejoint son régiment qui est toujours engagé dans la campagne de libération de la Hollande. Peu de temps après, il sera nommé sous-lieutenant auxiliaire et est affecté au bataillon *Libération*.

Toujours désireux de servir, le jeune officier ostendais s'engage dans le bataillon de Corée le 13 août 1951. « Le pays du matin calme » voit débarquer le Corps de volontaires pour la Corée. Ils étaient près de sept-cents sur deux mille à avoir été sélectionnés dans un premier temps, et parmi eux, Roger Genis. Son courage et son engagement lui ont permis de gagner la Médaille du soldat US. Grâce à son sang-froid, il a réussi, avec ses hommes, le sauvetage d'une patrouille piégée dans un champ de mines.

Médaille du soldat US

Cette décoration est également connue sous le nom de *Medal of Honor* . Il en existe trois versions notamment pour l'US *Army*, US *Navy* et l'US *Air Force*. La médaille récompense des hommes qui ont mis en péril leur propre vie au profit de l'intérêt général. Elle se porte au cou comme la *Legion of Merit*.

Sous le feu ennemi, à Malgun-Dong, le lieutenant Genis dégage un passage jusqu'aux blessés. Au cours de cette action d'éclat, le jeune Belge désamorce les mines rencontrées, et parvient à tirer la patrouille de sa délicate situation.

La citation décernée par le président des États-Unis stipule : « L'héroïsme et la conscience professionnelle déployés par le lieutenant Genis à cette occasion l'honorent lui-même grandement ainsi que l'Armée belge. »

Le 8 septembre 1952, il est blessé lors d'un contact avec l'ennemi et est rapatrié en Belgique. L'année suivante, il reprend en charge la deuxième compagnie du bataillon *Libération* à Siegen en Allemagne occupée. Envoyé aux States pour y suivre des cours, il en revient et, un mois après son retour, il est nommé instructeur à l'École d'infanterie d'Arlon.

Promu major en 1963, il devient le commandant de la compagnie d'armes lourdes de ce bataillon *Libération* auquel il est tellement attaché. Une année plus tard, le Zaïre lui ouvre ses portes dans le cadre de l'aide technique belge à la jeune république indépendante. Trois mois plus tard, au cours d'une opération, il libère des otages Blancs des mains des sinistres Simbas. À la tête de ses hommes, il tombe dans une embuscade où il est grièvement blessé. Évacué en hélicoptère, il succombe à ses blessures en mission après avoir connu la Normandie, la libération de Bruxelles, les campagnes de Hollande, la guerre de Corée et... le Congo!

Gustave Dehasse, CSM de la 3e unité motorisée, termine la guerre avec la fonction d'adjudant de corps du 3e bataillon d'infanterie de la Brigade *Libération*. Lors de la dissolution de l'unité, il est versé dans l'organigramme du 2e chasseur à pied, unité qu'il avait déjà fréquentée en 1938.

En 1960, lors des événements du Congo, il participe aux opérations de maintien de l'ordre et termine sa brillante carrière militaire à la caserne du Petit Château de Bruxelles où il obtient le grade ultime des sous-officiers: adjudant-major.

John Close, vivait à Bagdad depuis 1938. Employé de la société Ingetra, il répond immédiatement à l'appel lancé par le gouvernement belge en exil à Londres. Via Le Cap, il rejoint la capitale anglaise et s'engage dans les Forces belges. Après avoir participé à toutes les campagnes de la Brigade Piron, ce lieutenant des transmissions de la troisième compagnie est démobilisé et retourne tout naturellement à Bagdad. Il y restera jusqu'en 1956 et sera ensuite engagé par une société américaine *Général Food*. John Close travaille alors à Hambourg avant de rejoindre l'Angleterre où il termine sa carrière.

Joseph Debry et Charles Weirich, deux légionnaires de la Brigade Piron, ont suivi la même trajectoire après la dissolution de l'unité. Le premier, Belge bon teint et le second, Luxembourgeois, ne pouvaient pas se passer de l'esprit de cette armée hors du commun. Ils réintègrent donc leur ancienne unité et en 1947 se retrouvent au Tonkin. L'Asie du sud-est constitue alors un nouveau champ de bataille où les troupes françaises défendent leurs colonies. Si Joseph Debry revient de ce théâtre d'opération particulièrement sanglant, il n'en fut pas de même pour ses amis légionnaires ***Pierre Polain et Charles Weirich.***

Alex Soyka est polonais d'origine et a servi durant toute la guerre dans la brigade du « lion ». Tout d'abord comme ATK ou canonnier antitank et ensuite dans les Recce de la 3e compagnie. À la fin des hostilités, il obtient la nationalité belge et finalement émigre vers les grands espaces canadiens. Il y crée une chaîne de papeteries et y cultive le culte de l'amitié entre compagnons d'arme. Guy Weber rappelle d'ailleurs ses voyages « canadiens » dans un de ses nombreux livres : *1944, des Belges en Normandie.*

Roger Dewandre a reçu la Military Cross le 10 mars 1945 sur la Grand-Place de Bruxelles. Le maréchal britannique Bernard Law Montgomery en personne le récompense pour sa brillante conduite lors de la campagne de Normandie, et notamment à Branville. À l'issue de la Seconde Guerre mondiale, Roger Dewandre participe activement à la constitution de l'école des troupes blindées.

Admis à la retraite en 1979 après une brillante carrière, il quitte la *Grande Muette* avec le grade de lieutenant-général et chef d'état-major au QG des Forces alliées Centre Europe. Même après son retrait de la vie militaire active, il combattra pour que la libération de Pont-Audemer soit attribuée à la Brigade *Libération*... La raison en est simple : le 26 août 1944, le jeune sous-lieutenant Dewandre commandait le 2e peloton de la Brigade belge d'Angleterre. Vers 8 heures, il entrait dans la cité française à la tête de l'avant-garde d'une colonne de la 6e division aéroportée britannique. Partie de Beuzeville, la mission devait assurer la capture d'un pont intact. Le général est clair sur ce point, et il écrit notamment aux plus hautes autorités françaises : « Nous sommes entrés dans la ville pour y trouver les ponts détruits. J'ai signalé par radio la situation et nous nous sommes déployés dans Pont-Audemer. » Il précise également que « les journaux de campagne d'unités anglaises ont consigné ces événements, citent plusieurs fois les Belges et ne font aucune mention des Hollandais. » Et pourtant, à l'heure actuelle, plusieurs sources indiquent que la petite ville, libérée le jour de la Saint-Ouen, patron de la ville, l'aurait été par la brigade néerlandaise *Princesse Irène*.

Une erreur historique qui tenait à cœur du vieux baroudeur de la Brigade *Libération* et qui persiste encore !

Brigade Piron

Organigramme de l'unité.

État-major.

Première unité motorisée : un état-major et cinq pelotons.

Deuxième unité motorisée : un état-major et six pelotons.

Troisième unité motorisée : un état-major et six pelotons.

Escadron d'auto-blindées : un état-major et cinq « troop ».

Batterie d'artillerie : un état-major et trois « troop ».

Compagnie du Génie.

Compagnie RASC (brigade du Train : ravitaillement)

Unité médicale.

(+ un atelier de réparation : Type A et Type B

+ un officier de liaison : le lieutenant-colonel Mac Alister

→ 2 200 hommes et 500 véhicules)

L'histoire de la Brigade Piron est entrée de plain-pied dans l'imaginaire national, et y conserve encore de nos jours une place importante. Les récits des faits de guerre repris dans ce chapitre ont bien souvent été écrits par les acteurs même ou par des témoins de ces actes de bravoure. Il était impossible de les traiter tous. Par respect pour les témoignages récoltés sur la toile, l'auteur a tenu à citer au maximum les noms de ces « passeurs de mémoire ».

CHAPITRE X

Une vie de baroudeur...

L'histoire des commandos SAS et de sa composante belge est intimement liée à un homme d'une trempe exceptionnelle, le Gantois Edouard *Eddy* Blondeel.

Envers et contre tous, il conduira brillamment « ses » gars au combat, après leur avoir fait subir des entraînements jusqu'alors inconnus pour des unités de notre pays. *Le capitaine Blunt*, comme les Anglais l'ont surnommé, n'était pourtant pas destiné à embrasser une carrière militaire. Brillant universitaire, il avait engrangé des diplômes d'ingénieur et de dentiste avant d'obtenir le titre de docteur en sciences dentaires à la *Northwestern University* de Chicago. Après l'invasion de la Belgique, il rejoint l'Angleterre et se met spontanément à la disposition des Forces belges. Mais avant de traverser l'Atlantique, les Belges disséminés sur le continent américain sont rappelés au Canada dans un camp de regroupement au nom poétique et trompeur de « la Joliette ».

Ces « Canadiens », parmi lesquels se trouve le futur *Group Captain* Odon Godart, sont bien peu nombreux. Transférés en Angleterre, ils arrivent à Malvern, où le jeune lieutenant Blondeel ronge son frein. Il entend parler de la *Training School* de Ringway proche de Manchester et y envoie une vingtaine de volontaires pour y suivre l'entraînement de parachutistes de la RAF. Enthousiasmé par les résultats obtenus, il obtient lui aussi l'autorisation de suivre ces cours. La réussite est au bout de ce stage.

Eddy revient à Malvern où il est nommé capitaine, et prend sous son aile la quarantaine de nouveaux parachutistes. Les Anglais décident alors de créer, avec l'aide des autorités belges une deuxième compagnie spécialisée. Ainsi naissent la «*D Parachute Company*, deuxième bataillon fusiliers» de Thyse, et les «Commandos» de Danloy.

Blessé lors d'un saut, le commandant Thyse, ancien Cycliste-Frontière, laisse la compagnie entre les mains de son second, le capitaine parachutiste *Eddy* Blondeel. Toujours à l'affût de nouvelles techniques et formations, il va suivre, avec une partie de ses compagnons d'armes, un cours d'endurcissement et de guérilla à *Interlochy-Castle*, dans les Highlands écossais. En janvier 1944, il devient officiellement le commandant du 5e régiment de SAS belges.

SAS

Les Anglais ont compris l'importance des troupes aéroportées. Ils sont conscients des dégâts causés par les parachutistes allemands, et ont bien retenu la leçon. Ils créent donc les SAS, *Special Air Service*. Un officier écossais, Archibald David Stirling (1915-1990) lance l'idée en Égypte. Spécialiste des coups de main derrière les lignes ennemies, il sera fait prisonnier par les Allemands. Libéré en 1945, il rentre en Angleterre, où il est appelé à organiser le service de sécurité lors de l'avènement de la reine Élisabeth II. Au total, cinq régiments seront constitués: deux britanniques, deux français et un belge, le 5e SAS.

Peu de temps auparavant, *Blunt*, comme le surnomment les Anglais, a été obligé de monter au créneau afin de sauvegarder son unité. En effet, le lieutenant-colonel Piron avait émis le désir d'incorporer les parachutistes dans sa brigade. Le démantèlement est tout proche, et Blondeel se bat comme un beau diable pour éviter que ses hommes ne deviennent de «petites unités de choc» de la Brigade *Libération*.

Ayant obtenu gain de cause, il se remet au service du brigadier Roderick Mc Léod, le commandant en chef des SAS. Le débarquement de Normandie est programmé le 6 juin et les SAS belges sont gardés en réserve alors que depuis plusieurs jours déjà les Anglais et les Français sont sur le terrain.

Dans les rangs de l'unité, l'incompréhension règne. Il semblerait qu'en coulisse, au gouvernement belge à Londres, des ordres soient parvenus pour empêcher le parachutage des SAS en Belgique par... peur des représailles envers la population et de soulèvements prématurés !

Devant l'énergie développée par Blondeel pour voir enfin ses hommes participer à la libération du territoire belge, le chef des SAS décide d'envoyer des membres de la compagnie sur le sol de France. Largué dans les Ardennes françaises, le lieutenant Paul Renkin est alors sollicité par son supérieur pour prendre contact avec les résistants belges...

Un coup de bluff...

En réalité, *Eddy* Blondeel a décidé de passer outre aux décisions politiques belges. Il veut donner une chance réelle à ses troupes de s'illustrer lors de la libération du sol national. Par radio, Renkin transmet l'information de sa présence de l'autre côté de la frontière. Cette confirmation est attendue avec beaucoup d'impatience et permet au commandant du 5e régiment de mettre au point un subtil stratagème pour amener des SAS en Belgique.

Paul Renkin

Le lieutenant SAS Paul Renkin est un des tout premiers Belges qui entrent sur le territoire national la nuit du 15 août 1944. Sur le terrain, il se bat contre l'occupant avec les résistants locaux, et tombe sous le feu ennemi le 31 décembre de la même année, à Bure. Sa Jeep est frappée par un tir de canon 88 allemand. Les trois occupants sont tués, le lieutenant Renkin était accompagné d'Émile Lorphèvre et de Claude de Villermont. En hommage à ce combattant des SAS mort dans la région de Han, le camp de Poulseur, base d'entraînement des parachutistes belges, a porté le nom de Renkin.

Au cours d'une entrevue avec le général Mc Léod, le capitaine belge indique un nouveau point de largage et demande à faire partie de ce saut. Un dialogue tout empreint de complicité s'ensuit, et Blondeel obtient l'autorisation de rejoindre Renkin avec un *stick* de six hommes.

Les autorités anglaises feignent de croire que la mission se déroule en France, alors que le point de chute est prévu sur le territoire belge. Le 28 août 1944, l'escouade saute dans les environs de Gedinne et rejoint le maquis, où elle entreprend des opérations de sape à l'arrière des lignes allemandes. Mais les remous occasionnés par cette « incartade » de *Blunt* n'en finissent pas, et un message lui est adressé depuis Londres : « Le gouvernement belge n'est pas content... »

De son côté, le deuxième bureau est « étonné de sa présence sur le sol belge ! » Malgré ces remontrances, le brigadier Mc Léod planifie de nouveaux largages de SAS dans le Sud du pays, dans le cadre de l'opération *Noah*.

Trois jours après l'arrivée du « patron », le lieutenant Debefve saute avec une quinzaine de compagnons. Les actions des groupes Renquin et Debefve se suivent et les troupes allemandes sont assaillies régulièrement par ces hommes, bien décidés à délivrer leur pays du joug de plus de quatre années d'occupation. Pour sa part, Blondeel entre en contact avec le comte Harold René Charles Marie d'Aspremont Lynden, alias *Monsieur Charles*, le commandant du secteur V de l'Armée secrète.

Entretemps, Bruxelles est libéré et la nouvelle parvient rapidement aux SAS qui continuent leurs actions de guérilla et de harcèlement dans cette partie du pays non libérée.

En Angleterre, de nouveaux *sticks* belges sont envoyés en Campine limbourgeoise avec l'opération *Caliban,* alors qu'une autre mission, *Bergbang,* est dévolue au capitaine John van der Heyden. Au cours des parachutages des derniers jours, un caporal du 5e SAS revient en Belgique avec deux jeeps. Cet « évadé », passé par Miranda de Ebro, a mis au point un système de largage pour ces véhicules, véritables bonnes à tout faire des unités de reconnaissance. Blondeel lui aurait glissé : « Tu en as eu l'idée, tu vas l'inaugurer... »

Edgard Vieuxtemps, chauffeur d'une de ces deux jeeps blindées, participe aussi aux dernières actions de l'opération *Noah*. Le 6 septembre, les « bérets rouges » font leur jonction avec les troupes US. Le major Blondeel peut ainsi rassembler ses hommes, rentrer à Bruxelles, puis retourner en Grande-Bretagne. En effet, la guerre est loin d'être terminée et la 5ᵉ SAS va repartir au combat en Hollande, mais également en Allemagne. Le commandement britannique a décidé de reconvertir l'unité de parachutistes en détachement de reconnaissance motorisée sur jeeps blindées. La compagnie belge se distingue notamment par l'arrestation de plusieurs criminels de guerre nazis, mais également par du gibier d'un beaucoup plus gros calibre.

En effet, ce sont des troupes belges et le sergent Goffinet qui ont mis sous les verrous Joachim von Ribbentrop à Hanovre, le gouvernement Dönitz à Flensbourg et Heinrich Luitpold Himmler, le dauphin d'Hitler. Considéré comme « L'homme qui arrêta Heinrich Himmler », Albert Petit, un SAS belge, a été décoré sur la Grand-Place de Bruxelles par le maréchal Montgomery.

Albert Petit

Sous l'uniforme anglais, se cache un SAS belge. Ce parachutiste faisait partie d'une équipe envoyée pour traquer les dirigeants nazis en fuite. Albert Petit, un solide Ardennais, faisait partie des services secrets britanniques. Il a arrêté Joachim von Ribbentrop, ancien ministre des Affaires étrangères du IIIᵉ Reich ainsi que plusieurs membres du gouvernement allemand. Le chef de la diplomatie nazie sera exécuté à Nuremberg le 16 octobre 1946. Il sera le premier à être pendu après le célèbre procès. L'amiral Karl Dönitz a été le commandant en chef des sous-marins de la Kriegsmarine.

Après le suicide d'Hitler, il devient le président du Reich dans le gouvernement de Flensbourg. Le 23 mai 1945, il a été arrêté avec Keitel et les autres membres de son gouvernement. Au procès de Nuremberg, il écope de dix années d'emprisonnement qu'il purgera à la prison de Spandau. Quant à Heinrich Himmler, il est arrêté avec plusieurs autres dignitaires SS à Lünenburg par le sergent Arthur Britton ou par Albert Petit, selon les sources. (De nombreux Belges et Luxembourgeois, servant dans les troupes britanniques, combattent sous des noms d'emprunt, afin d'éviter d'éventuelles représailles contre leurs familles.) Au cours d'un interrogatoire, et d'une visite médicale, Himmler se suicide. Étrange fin pour cet implacable nazi, et ce suicide est toujours suspect aux yeux de certains historiens.

Quant à Edgard Vieuxtemps, après le retour à Tervuren du 5e SAS, il se marie à Liège. L'événement n'est certainement pas exceptionnel en lui-même si ce n'est que les jeunes mariés étaient tous les deux « en uniforme ». Edgard en battle-dress anglais et son épouse dans une robe de mariée confectionnée dans la toile de parachute de sa jeep...

Missions en pays occupés...

À côté des troupes régulières, les services britanniques ont utilisé très rapidement des agents infiltrés au cœur même des pays occupés. Dès juillet 1940, Winston Churchill lance une nouvelle organisation militaire qui doit semer le trouble derrière les lignes de front. Le SOE ou *Special Operations Executive,* est un véritable service secret qui opère aux quatre coins de l'Europe nazie.

Le but premier est de soutenir par tous les moyens possibles les différents foyers de résistance à l'occupant. La section T couvre la Belgique et le Grand-Duché de Luxembourg et de très nombreuses opérations sont mises sur pied par les services londoniens.

Si le MI 6 est déjà actif avant la Deuxième Guerre mondiale, il est plus connu sous le nom de SIS ou *Secret Intelligence Service.* Son influence durant les hostilités a été quelque peu affaiblie par la création ou le renforcement de plusieurs services complémentaires actifs dans le renseignement : le bureau de décryptage et d'interprétation des communications étrangères, le GC & CS de Bletchey Park (où les codes et les chiffres étaient rois), le MI 5, les services de reconnaissance photographique et surtout le tout nouveau SOE portent ombrage à cette vénérable institution, qui avait vu le jour au XVIe siècle.

Sir Francis Walsingham aurait déjoué les plans de l'Armada espagnole en introduisant sur le territoire ennemi des agents anglais. Mais finalement, ce service permanent d'espionnage n'a été mis en place qu'au début du XXe siècle, très exactement en 1909. Malgré les luttes d'influence, le MI 6 et les SOE ont fusionné à la fin de la guerre.

D'autres services ont également vu le jour durant cette période propice aux observations en territoire ennemi. De nombreux belges « évadés » se sont retrouvés à Londres avec la ferme volonté de continuer le combat.

Débarqués en Angleterre, ils sont tous dirigés vers *Patriotic School.* Ils doivent choisir un régiment ou une arme où ils pourront contribuer à l'effort de guerre. Après avoir rempli les formalités d'usage dans les bureaux belges d'Eaton Square, le choix est difficile sauf peut-être pour les marins.

Albert Pauly

Le Liégeois Albert Pauly est confronté à ce dilemme et opte pour la section belge de la RAF. La première affectation est tout naturellement l'école de la *Belgian Air Force* à Goring-on-Thames. Si beaucoup de candidats se dirigent vers cette arme tout auréolée de la gloire recueillie lors de la bataille d'Angleterre, il n'en reste pas moins que les conditions de recrutement sont particulièrement exigeantes. Beaucoup de candidats, mais peu d'élus car les examens médicaux minutieux refoulent des aspirants pilotes comme lui.

Pourtant, au sein de la RAF, les tâches ne manquent pas. Après une entrevue avec le commandant de la base, le Liégeois se met à disposition pour rallier le SRA ou service de renseignements et d'action.

Attiré par la vie exaltante des parachutistes, il reçoit bien vite un ordre de mission lui enjoignant de se rendre dans un bureau de Chapel Street à Londres. Directement mis dans le bain, les candidats « espions » rejoignent un camp d'entraînement. Ils y reçoivent une nouvelle identité et se familiarisent à ce passé créé de toutes pièces, qui doit servir de couverture efficace en cas d'arrestation en territoire occupé. Les exercices sont très variés et entre le cross matinal, l'apprentissage du morse, les séances de tir au révolver et le lancement de grenades, la journée passe à une allure folle dans un manoir écossais. Toutes les techniques propres aux commandos sont apprises à un rythme effréné au domaine d'Achnacarry.

Achnacarry

Depuis 1942, ce centre a vu défiler de nombreux candidats aux opérations de commandos. Sir Donald Walter Cameron of Lochiel, 25e du nom et propriétaire de cette magnifique demeure située dans les Highlands, l'a mise à la disposition du *War Office* et du lieutenant-colonel Charles Vaughan, chef de cette école du risque.

En peu de temps, le « *silent killing* » n'a plus de secret pour ces hommes qui manipulent explosifs et détonateurs avec une remarquable dextérité, attaquent les sentinelles au couteau et apprennent le b.a.-ba du saut en parachute, sans oublier les rudiments du parfait petit « marconiste » ou opérateur radio. L'entraînement touche à sa fin, et le stage se termine. Il est grand temps de parfaire les connaissances du groupe et de rejoindre la base de Ringway, où tous les hommes s'initient au parachutage de jour comme de nuit. Au fur et à mesure des sauts, les participants acquièrent une technique impeccable, et ils seront bientôt prêts à passer à l'action.

La prochaine étape de toutes ces pérégrinations anglaises les conduit à Thames Park près d'Oxford. Perfectionnement des émissions et des réceptions de messages sont à l'ordre du jour. Finalement, muni d'un bagage suffisant, Albert Pauly est envoyé en Écosse pour des essais de transmissions à plus longues distances. Tout se passe bien, les résultats sont concluants. Il est bientôt temps de rentrer à Londres pour l'ultime épreuve de SRA (service des renseignements et d'action). Après avoir mémorisé les uniformes allemands, reconnu les divers et nombreux grades et insignes ennemis, les candidats sont abandonnés en pleine nature avec leur débrouillardise comme unique compagnon. Ils apprennent à organiser leur survie dans un milieu hostile, et surtout à passer inaperçus. Ces entraînements ont fini par développer le sens de l'observation de chacun, et les réflexes de prudence sont poussés à l'extrême.

Tout est prêt pour une véritable répétition grandeur nature. Chaque impétrant au rang de SRA est lancé dans un ultime exercice périlleux : déambuler en ville, et éviter d'être reconnu par des agents britanniques qui disposent de leur signalement. L'épreuve terminée et réussie, chaque élève doit se présenter le lendemain à la direction et obtenir... le feu vert pour devenir agent des renseignements et d'action !

En route vers Bruxelles...

Avril 1944, le grand jour est enfin arrivé. Pauly va bientôt pouvoir rentrer en Belgique. Tout est prêt, et il sera accompagné d'un coéquipier que tout le monde connaît à la base comme le « petit Henri ». Deux techniques de saut sont proposées aux « voyageurs » : soit avec un comité d'accueil, soit le « blind » ou saut « à l'aveugle ». Les deux possibilités ont leurs avantages et leurs inconvénients. Pour leur part, les deux compères ont opté pour un saut sans comité de réception. Il suffisait que le réseau de résistants ait été infiltré par un traître, et tout le mécanisme était grippé dès l'arrivée. Soit une patrouille allemande surgissait « par hasard », et embarquait tout le monde vers des interrogatoires musclés de la Gestapo, soit l'ennemi laissait l'agent britannique entrer en contact avec ses correspondants locaux, et puis, une rafle était organisée. Plusieurs agents sont ainsi tombés entre les mains des Allemands, et n'ont jamais été capables de remplir les missions qui leur étaient assignées. Le saut à l'aveugle est plus sécurisant pour les parachutistes. L'endroit du droppage secret est déterminé par les équipiers, et est repéré sur les cartes par l'équipage. Après le saut, l'agent se prend en charge seul. Camoufler l'équipement de saut, récupérer les conteneurs et les cacher discrètement, prendre rapidement contact avec la maison amie, voilà le b.a.-ba des agents dès le premier contact avec le sol. Cela, c'est la théorie, mais... À peine le sol atteint, les contacts sont établis, et les ennuis des deux agents commencent.

Liberator

Bombardier lourd américain, ce quadrimoteur porte le nom de *Consolidated B24 Liberator*. Il a été l'avion militaire américain le plus produit avec plus de 18 000 appareils, qui sont employés tant par la RAF que l'USAF.

Dans l'appareil, un Liberator piloté par un équipage américain, le dispatcher a oublié d'attacher les conteneurs aux « static lines » qui déclenchent automatiquement l'ouverture des parachutes. Au contact brutal du sol, les appareils radio sont complètement hors service. La mission commence mal, et ils doivent à tout prix entrer en contact avec Londres afin d'obtenir le plus rapidement possible un nouveau poste émetteur-récepteur. *Petit Henri* doit préparer toute une série de sabotages, et de son côté, Albert doit transmettre le plus de renseignements possibles à la « maison mère ». Mais sans appareil, c'est impossible! D'un commun accord, ils se séparent. Pauly traverse Hal et part vers Bruxelles, où il prend contact avec un membre d'un réseau de résistants. Les codes échangés, le contact attend la confirmation de son arrivée et de son identité par l'entremise de l'émission de la BBC: *Les Belges parlent de Londres*.

Intégré rapidement dans le groupe de résistants, un message lui parvient après une quinzaine de jours. Un poste sera prochainement acheminé d'Anvers via Vilvorde. Dans ses mémoires, Pauly raconte: «Je possède toujours «mon» quartz et d'ici quelques jours, je pourrai entrer en contact avec Londres. Tout ne se passe malheureusement pas comme escompté car, si le poste émet normalement, en revanche, le «pianiste» ne reçoit rien en retour. Aucune confirmation de la bonne ou mauvaise réception des messages. De péripéties en imprévus, j'entre finalement en contact régulier avec la capitale anglaise. Les messages se suivent à un rythme régulier, et dans des endroits toujours différents, afin d'éviter tout repérage.»

Malgré toutes les dispositions de sécurité prises par le groupe de résistants, de chaudes alertes leur glacent le sang. Le groupe doit parfois uniquement son salut à l'intervention d'un gendarme en uniforme, qui l'accompagne régulièrement. Cet uniforme protecteur, un véritable ange gardien, est bien souvent providentiel et dissuasif. Toute l'équipe a appris le débarquement en Normandie et la marche victorieuse des troupes alliées.

«Cette situation rend les Allemands de plus en plus nerveux, et un soir, je décode un message de Londres. La «maison mère» me conseille de me «retirer de la vie active et de me reposer à la campagne».

Malgré l'avertissement, je continue mes émissions, et ce qui devait arriver, arriva... Dans une petite ferme isolée d'Elingen, je me fais cueillir par la Gestapo. Une émission trop longue et le système radio goniométrique m'a repéré. La belle aventure se termine à quelques jours de la libération de Bruxelles. Avant d'être intercepté, j'ai néanmoins le temps d'émettre le code fatidique « QGP » ou « La Gestapo est ici ! ».

Elingen

Petit village du Pajottenland dans la province du Brabant flamand, située entre Halle et Lennik.

Les gestapistes n'y vont pas de main morte. Questions et coups pleuvent sans discontinuer. Finalement transféré à Bruxelles au QG de la Gestapo à l'avenue Louise, Pauly est conduit dans un bureau, où une carte avec de petits fanions couvre un des murs. Les agents enlèvent un des fanions qui, de toute évidence, le représentait, et reprennent leur interrogatoire. Au cours de cette interminable séance de questions-réponses, il comprend que, depuis son arrivée en Belgique, le centre de repérage des émetteurs clandestins est sur ses traces. Les marconistes ont beau changer d'endroits pour envoyer leurs messages, ils ne peuvent changer leur façon d'émettre, qui est tout simplement caractéristique d'un agent à l'autre. Ce « doigté » est réellement une véritable marque de fabrique. Partant de cette certitude, les services de sécurité allemands pouvaient localiser les différents endroits utilisés par les agents anglais, même s'ils arrivaient parfois trop tard sur les lieux d'émission.

Après un transfert à la prison de Saint-Gilles et un retour à la Gestapo, Albert apprend que les Alliés sont aux portes de la ville. Ses geôliers font évacuer les locaux, et tous les prisonniers présents au QG de la Gestapo sont conduits en camion vers la gare du Midi.

Là, un convoi de wagons à bestiaux est déjà formé, et le départ est prévu. Après une nuit d'attente, le train s'ébranle vers l'Allemagne nazie. Mais la résistance a fait du bon boulot. Fausse alerte, les voies ont été sabotées, le train revient à la gare du Midi. Tous les gardiens abandonnent leur poste et les prisonniers. « Nous sommes libres… ! » Bruxelles est en passe d'être complètement libérée !

Après avoir retrouvé une bonne partie de ses collaborateurs sains et saufs, Pauly fête, comme il se doit, la libération de Bruxelles, et se remet à la disposition de son service. Il est directement mis en contact avec l'OSS ou *Organisation of Strategic Services*, l'ancêtre de la CIA. Les Américains décident de le parachuter derrière la ligne de front et, après une petite remise à niveau en Angleterre, il est de retour à Lyon.

Un nouveau compagnon le rejoint pour un aller simple vers le Grand Reich, direction Stuttgart. La mission est complexe : mettre sur pied une structure d'accueil en Suisse, tenter de rassembler des travailleurs étrangers déportés et les constituer en maquis, sans oublier le transfert de toutes les informations utiles pouvant favoriser l'avance des troupes alliées. La mission prendra fin par un rocambolesque passage de frontières et un retour en France quelque peu chahuté.

OSS

L'OSS ou bureau des services stratégiques des États-Unis est créé en 1942, et est placé sous le commandement de William Joseph Donovan. Cet organisme est une agence de renseignement qui mène également de nombreuses actions derrière les lignes ennemies. En 1944, ce service compte plus de 13 000 agents. Ils ont été particulièrement actifs en Yougoslavie, Autriche et Allemagne, sans oublier la Suisse. La plupart des hommes de l'OSS sont, soit des déserteurs autrichiens, soit des Polonais ou des Allemands anti nazis. Le bureau des services stratégiques des États-Unis sera démantelé à la fin de l'année 1945 et, finalement remplacé par la CIG, *Central Intelligence Group,* et ensuite par la CIA, *Central Intelligence Agency.*

Après un court séjour dans un camp de prisonniers allemands et un passage éclair par Paris et Lyon, Pauly est libre. Des officiers de l'OSS américain, *Office of Strategic Services*, le prennent en charge pour l'emmener à Londres qui fête, quelques jours plus tard, la capitulation allemande...

La route de la liberté...

Pratiquement tous les Belges qui se sont engagés à Londres pour poursuivre le combat et libérer notre territoire ont réussi l'exploit de franchir de nombreuses frontières pour réaliser leur rêve. Après avoir répondu à l'ordre de mobilisation, Albert Pauly rejoint son unité et participe à la campagne des 18 jours.

En route vers l'Allemagne, le convoi de prisonniers arrive à Diest où, par un hasard providentiel ou une bévue des gardiens, toute la colonne est libérée.

De retour à Liège, il entend le célèbre appel du 18 juin du général de Gaulle, et quelques jours plus tard, celui du jeune ministre de la Santé publique belge Marcel-Henri Jaspar. Ce dernier exhorte tous les jeunes du pays à venir le rejoindre à Londres, et à y poursuivre la lutte contre l'occupant. Il s'adresse en ces termes aux citoyens : « La guerre pour la libération de notre Patrie continue, et continuera jusqu'à la victoire ». Comble de l'ironie, le ministre sera désavoué par le gouvernement en exil à Bordeaux pour « s'être désolidarisé » de ses confrères... Même après l'arrivée d'autres ministres à Londres, il ne sera plus réintégré dans l'équipe du Premier ministre Hubert Pierlot. Jaspar avait eu le malheur de réagir trop vite... et de manière trop isolée.

Marcel-Henri Jaspar

Depuis avril 1939, Marcel-Henri Jaspar est le plus jeune ministre du gouvernement Pierlot II. Il occupe le poste de la santé publique, et suit ses confrères en exil à Bordeaux. Après plusieurs voyages en Allemagne, il prend bien vite conscience des intentions des nazis envers les Juifs. Or, son épouse est d'origine juive, et il plaide au sein du gouvernement pour la poursuite de la lutte contre l'envahisseur. Dès juin 1940, il s'embarque vers l'Angleterre. Malheureusement, il n'a pas prévenu ses collègues, et est désavoué par des ministres indécis. Le 23 juin, il s'adresse aux Belges, et tente de constituer un Comité national belge avec Camille Huysmans. Les ministres arrivent enfin à Londres, et le nomment ministre plénipotentiaire auprès du gouvernement tchèque en exil. Une manière comme une autre de se débarrasser de ce « trublion ».

Mais ces conflits d'influence et de préséance propres aux autorités belges de l'époque n'ont pas empêché de nombreux compatriotes de prendre le chemin de l'Angleterre. Traversant la Belgique et la France occupées, ces courageux gaillards ont dû passer la fameuse « ligne de démarcation ». Une fois celle-ci franchie, ils ont dû déployer beaucoup de courage et de ténacité pour éviter les recherches de la police de Vichy. Certains, arrêtés et menacés d'être remis aux autorités ennemies, ont préféré s'engager à la Légion étrangère afin d'éviter la captivité. D'autres, un peu plus chanceux parviennent en Espagne, et font connaissance de camps comme la *cárcel modelo* de Barcelone ou celui de *Miranda del Ebro*.

Albert Pauly connaîtra toutes ces étapes éprouvantes, et parviendra finalement au Portugal et à Gibraltar, d'où il s'embarquera vers le Nord des îles Britanniques. La boucle est bouclée, et il retrouve dans la capitale anglaise d'autres compatriotes qui ont eux-aussi bourlingué pour retrouver un monde libre. Pour terminer ce « voyage », le futur agent belge aura perdu près de deux ans...

L'épopée de Jean-Philippe Janssens

Un autre agent de renseignements et d'action (ARA) décide également de répondre à l'appel du gouvernement belge en exil. Le 17 mai 1940, Jean-Philippe Janssens, encore étudiant, prévient ses parents, rassemble quelques effets, et part vers la France. Le lendemain, il fêtera son dix-huitième anniversaire en route vers la liberté. Contrairement à la plupart des « évadés » belges qui transitent par l'Espagne et le Portugal, il choisit la voie maritime.

Fin mai, il arrive à Marseille, et découvre que, malgré les nombreux kilomètres parcourus, la guerre est toujours bien présente. En effet, le premier juin, le grand port méditerranéen est attaqué par des bombardiers allemands Heinkel 111, qui touchent les infrastructures portuaires et font plus de trente victimes.

Heinkel 111

Bombardier moyen de la Luftwaffe, le Heinkel He111 peut transporter deux tonnes de bombes, et possède un rayon d'action de deux mille kilomètres. À l'origine, avion civil de transport, il participe à la guerre d'Espagne au sein de la Légion Condor. Durant la guerre, cet appareil sert également comme remorqueur de planeurs ou de lance torpilles. Les Allemands en ont construit plus de 6 500 exemplaires.

Toujours désireux de rallier la Grande-Bretagne, le jeune Anderlechtois fréquente les quais, et finit par s'embarquer sur le *Mariette Pacha,* qui met le cap sur Oran le 13 juin au matin. Le paquebot-poste rapide relie régulièrement la France à l'Algérie. Ce bâtiment, transformé ultérieurement en transport de troupes, effectuera un dernier transfert d'hommes et de matériel français vers l'Afrique du Nord le 22 juin.

Menacé d'être renvoyé en Belgique par les autorités françaises, Jean-Philippe Janssens quitte le bord, et débarque dans cette magnifique ville surnommée *la radieuse*. Il y recherche un nouveau navire pour poursuivre sa route vers l'Angleterre. Ce « bateau-stop » commencé à Marseille se termine dans la confusion à Oran. Engagé comme aide-cuisinier à bord du cargo norvégien *MS Patria,* il est bloqué dans le port, où le bâtiment est « mis à la chaîne » quelques jours après la tragique bataille navale de Mers el-Kébir. Dans tous les ports méditerranéens, les troupes vichysoises bloquent les bateaux norvégiens et danois, alors que ces pays alliés de la France sont tombés aux mains des envahisseurs teutons.

Mers el-Kébir

Après le rembarquement de Dunkerque, les relations entre la France et l'Angleterre se ternissent. L'armistice est signé par les Français malgré leur promesse de ne jamais entériner une paix séparée avec l'Allemagne. La flotte de l'Hexagone, deuxième mondiale en 1940, se trouve en grande partie à Mers el-Kébir dans le golfe d'Oran en Algérie. Une proposition anglaise de rejoindre les ports britanniques est rejetée, et la *Home Fleet* attaque les navires français le 3 juillet 1940. 1 297 marins sont tués lors de l'affrontement, et l'escadre française est mise hors de combat. Les Anglais lancent au monde un appel très clair, ils sont résolus à continuer la guerre à n'importe quel prix. De son côté, le reste de la flotte française se sabordera à Toulon le 27 novembre 1942, sur ordre de l'amirauté du régime de Vichy.

Vingt-six bâtiments des ex-alliés dont le *MS Patria* sont donc empêchés de naviguer. Heureusement, les équipages ont mis sur pied une série d'évasions de marins vers des pays moins hostiles, et notamment vers la Grande-Bretagne. Le 22 juin 1941, une partie de l'équipage du cargo norvégien et Jean-Philippe Janssens « empruntent » un canot de sauvetage, et s'éloignent de l'Algérie bien peu accueillante de Pétain. Treize jours de cabotage seront nécessaires à ces téméraires marins pour rallier Gibraltar, où ils débarquent le 5 juillet. De l'enclave britannique, les possibilités de gagner les îles sont grandes et, à bord d'un navire de Sa très Gracieuse Majesté, Jean-Philippe et ses amis quittent les abords de l'Espagne franquiste.

En route vers la destination tant désirée et sous la sauvegarde de « chiens de garde » de la Navy, le convoi aborde les côtes anglaises le 20 août. Un passage obligé par *Patriotic School*, et ensuite une incorporation dans les FBGB ou Forces belges en Grande-Bretagne font que, le 12 mai 1942, l'Anderlechtois est « engagé volontaire pour la durée de la guerre ». Seize jours plus tard, il passe à la « compagnie des subsistants », créée et gérée par la sûreté de l'État à Londres.

Sûreté de l'État

Cette structure d'accueil est destinée aux agents arrivés en Angleterre ainsi qu'aux personnes affectées à des missions secrètes en territoire ennemi. Le nouvel agent entre donc dans les rouages de la Sûreté qui, au départ, est remise sur pied dans la capitale anglaise avec des missions bien précises. Cette administration doit protéger l'État belge contre les menées secrètes dirigées contre lui en étroite collaboration avec les parquets militaires. Elle dépend du ministère de la Justice, et est dirigée par un tout jeune magistrat de 35 ans, Fernand Lepage. En pleine restructuration, la « nouvelle » Sûreté de l'État est constituée, en 1942, par plusieurs sections : renseignements, actions, guerre politique, évacuation et sûreté.

Dès son entrée dans le groupe d'agents spéciaux, Jean-Philippe est envoyé en Écosse, où il est soumis au rude entraînement des commandos d'Achnacarry. Le 26 septembre 1942, il reçoit une promotion, et est nommé caporal. Il poursuit son apprentissage spécifique à la section renseignements. Quatre mois plus tard, il passe sergent, et est considéré apte à remplir une mission en territoire occupé. Elle consiste en la direction de nouveaux réseaux, et surtout d'en assurer les liaisons radio avec Londres.

La coordination des activités réalisées sur le terrain par les agents belges a permis de faire parvenir en Angleterre plusieurs milliers de pages de documents chaque année. Même avec des pertes considérables, 1 570 morts, soit tués par l'occupant ou décédés en camp de concentration, les agents belges et anglais ont effectué un remarquable travail.

Trois jours après sa promotion au grade de sergent, un ordre de mission prévoit son parachutage dans la région de Seneffe, où un comité de réception l'attend avec son équipier Edmond Maréchal. L'aéroport de Tangmere, base secrète des SOE durant la guerre, est le point de départ de la mission. Sur une des pistes, un bombardier quadrimoteur Avro Lancaster attend les deux hommes.

Avro Lancaster

Bombardier quadrimoteur anglais, le Lancaster a été le principal appareil utilisé par le *Bomber Command.* Il a été surtout employé pour les bombardements de nuit. L'appareil pouvait emporter plus de neuf tonnes de bombes, et comptait un équipage de sept personnes. Plus de sept mille exemplaires ont été construits.

Un équipage polonais accueille les passagers et l'ordre de décollage est rapidement donné. Les dernières vérifications du matériel ont été effectuées par l'équipe d'agents de la sûreté, et l'avion s'ébroue dans un vacarme assourdissant. Direction : la Belgique...

Des débuts difficiles...

À première vue, le navigateur de l'appareil a mal calculé le point de parachutage, et le bombardier dépasse la zone de droppage de ses deux passagers. Volant à basse altitude, il survole le terrain d'aviation allemand de Nivelles, et essuie des tirs de la *flak*. Le « go » de départ est néanmoins donné, et les agents atterrissent à Houtain-le-Val, à quelques dizaines de mètres du château et du bois de Houtain-le-Mont.

Malheureusement, le parachute de Jean-Philippe s'ouvre un peu tardivement, et le contact avec le sol est particulièrement brutal. Blessé au dos, il parvient néanmoins à récupérer son matériel radio et à cacher les grandes voiles blanches.

Mais dans leur malheur, les deux hommes ont eu beaucoup de chance. En effet, le comité de réception prévu pour les accueillir avait été infiltré par l'ennemi, et la mission aurait pu être clôturée avant même d'avoir débuté. Janssens et Maréchal trouvent asile chez un couple de résistants, les Dereume. Ils décident de se séparer afin de poursuivre la mission. De son côté, Jean-Philippe récupère de sa lourde chute, et finit par quitter les lieux. Comme tous les marconistes ou « pianistes », il émet depuis de nombreuses cachettes disséminées aux quatre coins de la province du Brabant. Durant sept mois, il joue ainsi à cache-cache avec les services de repérages de la Gestapo, tout en exécutant des missions punitives pour le compte de la résistance, en suivant les ordres de la « maison mère » de Londres. Il organise des parachutages à Haversin, Braine-le-Château et Baisy-Thy.

Avec une couverture de représentant en chaussettes, il a tout loisir de voyager dans le pays sans éveiller les soupçons. Dans les environs de Genappe, il est hébergé avec son équipier Maréchal chez Flavien Didier, Joseph Denis et Yvette Dereume, tous membres de l'Armée secrète et du Refuge Panthère.

Refuge Panthère

La première compagnie de l'Armée secrète était dirigée par Léon Charlier, un professeur de l'école normale de Nivelles. Il commandait la région de Genappe, et était épaulé par Henri André ; boulanger, Flavien Didier ; commandant de gendarmerie, Henri Lutte ; imprimeur, Léon Taquin et le fermier Léon Longe ; un ancien sergent-armurier. Leurs actions étaient multiples : récolte de renseignements militaires, participation aux parachutages, aides aux réfractaires et maquisards, hébergements, transports d'armes, émissions radio et sabotages. La ferme « Toulifaut » ou « Tout lui faut » de Glabais était même devenue la boîte aux lettres relais pour l'état-major de l'AS, zone 4. Dans cette exploitation agricole, Marguerite Everaerts, épouse Philippe, avait même été jusqu'à installer un hôpital de campagne dans les anciennes écuries.

Malheureusement, le 22 août 1943, Janssens est arrêté par la *Geheime Feldpolizei*, à Braine-le-Château. Jean-Philippe a croisé la route du traître Prosper De Zitter, alias « capitaine Willy ». L'homme est considéré par les Allemands comme leur meilleur agent belge. Il avertit la Gestapo d'un relais radio avec Londres, et l'arrestation est particulièrement musclée. L'agent belge est grièvement blessé de quatre balles.

L'homme au doigt coupé

Les Allemands ont pu compter sur les services d'un traître du nom de Prosper De Zitter, surnommé « *l'homme au doigt coupé* ». Il s'est habilement introduit dans des réseaux de résistants, et a fait arrêter de nombreux patriotes et agents anglais. Après la guerre, il se réfugie en Allemagne, où il est traqué par les services de la Sûreté de l'État. Il est condamné à mort le 26 mars 1947 par la première chambre française du Conseil de guerre de Bruxelles. Son recours en grâce est rejeté, et il est fusillé le 17 septembre 1948 à la caserne de gendarmerie de Bruxelles.

Interrogé sans relâche par les gestapistes et des collaborateurs belges, il passe successivement par les prisons de Laeken et de Saint-Gilles. Roué de coups, ses geôliers le laissent pour mort, et le transportent à la morgue de la prison. Un gardien, se rendant compte qu'il respire encore faiblement, prévient les autorités carcérales, et la procédure judiciaire allemande reprend son cours.

Le 2 juin 1944, Janssens est condamné à mort par le tribunal militaire de la Luftwaffen au *Palace Hôtel* de Bruxelles, aux côtés d'Edmond Maréchal, qui avait été arrêté le 10 septembre 1943. «Le jour le plus long» n'est pas loin et, dans les heures qui suivent, il est transféré vers l'Allemagne pour y être exécuté. De gare en gare, d'alertes en sabotages, il arrive finalement dans un camp de concentration. Mais dans le désordre que provoque le débarquement de Normandie, le condamné à mort n'arrive pas à la bonne destination.

Au fil des semaines, il voyagera de camp en camp avant d'être finalement rapatrié en Belgique le 16 mai 1945.

Tout le reste de sa vie, Jean-Philippe Janssens souffrira des séquelles de ses interrogatoires violents; il obtiendra son diplôme de capitaine au long cours. Passionné par la mer, il naviguera durant de nombreuses années avant de terminer sa carrière maritime comme membre de l'équipe des pilotes de l'Escaut.

Amoureux des grands espaces, ce grand Monsieur a toujours été d'une très grande humilité: «*Je n'assiste à aucune manifestation patriotique car, durant toute ma vie militaire, j'ai été un soldat de l'ombre. Ma mission était secrète, et si l'on veut s'intéresser à cette période de la guerre, je préfère que ce soit après ma mort...*»

Quelques semaines après son décès, l'urne contenant les cendres de Philippe Janssens a été jetée à la mer conformément à ses dernières volontés. Ainsi se tournait la dernière page de la vie aventureuse et bien remplie... d'un être exceptionnel que j'ai eu le plaisir et l'honneur de côtoyer et de surnommer amicalement *Monsieur Baraka!*

Parti pour le Congo... Étienne Plissart

Certains concitoyens ont réagi avec plus de lenteur que d'autres à l'appel de l'évasion du territoire national occupé. Si la plupart des agents parachutistes ont répondu à l'appel du gouvernement belge en exil, d'autres ont savamment pesé le pour et le contre avant de partir à l'aventure.

Mais malgré cette réaction tardive, leur action a été tout aussi déterminante que bien d'autres. Étienne Plissart fait part de ses motivations dans son livret *Souvenirs de guerre*. « Professionnellement, mon stage d'avocat venait de s'achever, mais mon avenir au barreau en 1942, était incertain. L'idée que le Congo belge serait peut-être accessible, me hantait... »

Animé du rêve secret de rejoindre la colonie belge, le jeune homme quitte sa famille le 30 juin 1942 au matin et se rend à Merville, dans le Nord-Pas-de-Calais. Là, un cousin éloigné l'attend, lui fournit de faux papiers français et le conduit à Bordeaux. En bus, il part vers la fameuse ligne de démarcation qui divise la France en deux. Sans difficulté, cette nouvelle frontière déterminée par l'armistice signé le 22 juin 1940 entre la France et l'Allemagne, est franchie. Ainsi nait la « Zone nono » pour « zone non-occupée », elle le restera jusqu'au 11 novembre de 1942 de la même année.

Ligne de démarcation

Le 22 juin 1940, l'armistice signé entre Français et Allemands divise la France en deux. Le gouvernement de Vichy n'a finalement connu le tracé définitif et précis de la ligne de démarcation que fin de l'année suivante. Son franchissement était conditionné à la présentation d'un *Ausweis* ou d'un laissez-passer délivré par les Allemands. Si cette ligne était loin d'être imperméable, le passage a été de plus en plus sévèrement contrôlé par l'occupant. De l'autre côté, la police de Vichy veillait au grain et emprisonnait les candidats à l'évasion. Cette frontière de la zone libre a été supprimée après le débarquement allié en Afrique du Nord. Le 11 novembre 1942, les Allemands la franchissent et occupent la totalité du territoire français.

Étienne se retrouve donc à La Réole, petit village de la Gironde, d'où il prend le train pour Montpellier. Prenant contact avec un officier belge, il décide d'opter pour un engagement dans les Forces belges qui continuent la lutte contre les nazis. Mais les autorités belges veulent constituer un convoi pour rejoindre le Portugal et Gibraltar. L'attente est longue et paisible jusqu'au jour où le jeune avocat reçoit un message pour rejoindre la côte où un sous-marin anglais viendra chercher les fugitifs.

Faux espoir, pas de sous-marin en vue et finalement, il est décidé de passer en Espagne et de franchir les Pyrénées. Dix Belges dont Michel Taymans (futur colonel d'aviation) et Gaston de Gerlache (futur explorateur de l'Antarctique) parviennent à rejoindre clandestinement Barcelone et ensuite Saragosse et Zamora.

Mais le voyage ne se déroule pas comme prévu et, sur le chemin de Pontevedra, les trois amis sont arrêtés dans une petite gare frontalière avec le Portugal. Interrogé par la « Guarda civile », le trio se déclare canadien et obtient la visite du consul britannique qui les reconnaît comme sujets de Sa Majesté. Mais cette nouvelle identité n'empêche en rien le transfert vers le camp de Miranda del Ebro, passage « obligé » de tous les étrangers arrêtés sur le sol espagnol franquiste.

Durant cent septante-trois jours, ils sont internés dans ce tristement célèbre camp de concentration. Jusqu'au mois de mai 1943 où un ordre de libération arrive au camp. Les trois sujets « canadiens » peuvent rentrer directement à Gibraltar sans transiter par un pays neutre. Le 22 mai donc, Étienne Plissart et une trentaine de codétenus sont transportés en chemin de fer via Madrid, jusqu'à Algésiras. Dernier grand port espagnol avant le promontoire de Gibraltar, cette ville a été marquée par une longue période de domination mauresque jusqu'au début du XVIIIe siècle.

Le soir même de son arrivée, il embarque sur une vedette, qui transborde ses passagers sur un navire sud-américain le

Santa Rosa, ancré dans la rade anglaise. Après quelques jours d'attente et la visite le 26 mai du général de Gaulle, venu saluer les Français embarqués sur le bateau, un long convoi de vingt-deux navires prend la mer pour rallier le port écossais de Greenock. Située à l'estuaire du fleuve Clyde, la ville fut la destination finale d'un long voyage marin de près de trois mille kilomètres vers la liberté. Plissart et ses compagnons avaient finalement réalisé un périple de plus de six mille bornes en près d'une année.

Arrivés le 4 juin 1943 au nord des îles Britanniques, les « évadés belges » sont immédiatement transportés à Londres et le passage obligé au *Patriotic School College.*

Ayant rejoint les quelques 3 500 Belges présents en Grande-Bretagne, le jeune avocat est rapidement incorporé dans une unité anglaise de blindés. Au camp d'entraînement de *Royal Leamington Spa,* il réalise bien vite qu'il ne fera jamais partie de la future Brigade Piron. Devant cette situation et voulant absolument servir son pays, il adresse des demandes de transfert dans deux services différents : le deuxième bureau de la Défense nationale et la Sûreté de l'État.

En février 1944, la Sûreté agrée sa demande et il part pour un stage préparatoire à une mission en Belgique. Direction l'Écosse et un entraînement spécifique au cours duquel escalade, manipulation d'explosifs, transmissions et réceptions de messages en morse, encodage et exercices physiques se succèdent durant six semaines. Un passage par Ringway et l'apprentissage du saut en parachute et, le candidat de la Sûreté est fin prêt. Même des cours de cambriolage ont été dispensés à ces hommes qui, dans quelques jours ou quelques heures, rejoindront la Belgique.

Début juillet, la Sûreté lui révèle les buts de la mission : revitaliser les réseaux Mandrill et Othello et éviter tout retard dans l'approvisionnement en denrées alimentaires de la population belge après le départ de l'occupant. En plus, il est impératif de maintenir la production nationale à son maximum. Si l'agent connaissait son rôle en Belgique, les membres de la sûreté de l'État ont « omis » de révéler la totalité de cette mission qui, in fine, se nomme *Cimber* ou *Civil Mission for Belgian Relief*.

Réseau Othello

La mission initiale Othello est assurée par le capitaine SRA Michel Losseau, parachuté en Belgique la nuit du 12 au 13 juin 1943. Il met au point un plan qui tend à améliorer l'approvisionnement de la population et de diminuer au maximum les livraisons de denrées alimentaires vers l'Allemagne. Il quitte le territoire après quatre mois, rejoint Londres et est remplacé par Franz Van Dorpe, alias Othello II. Les deux chefs du réseau veulent augmenter la communication entre le milieu agricole et la population.

Étienne Plissart est conduit dans un aérodrome de l'USAF proche de Northampton, où de nouvelles identités sont fournies aux agents avant de monter à bord de leur avion. C'est donc sous le nom de Jean-Pierre Petit que le jeune agent est parachuté avec neuf autres compagnons et... compagnes.

En effet, dans ce vol, les deux seules femmes belges parachutées pendant la guerre, Elaine et Olga, font partie de l'expédition. La nuit du 4 au 5 août voit donc un champignon blanc déposer Jean-Pierre dans un petit verger de Pamel, à quelques kilomètres de Ninove. Accompagné de Léon Chabart, alias *Menas*, opérateur radio pour le réseau Samoyède, Plissart arrive à Bruxelles, et essaye de trouver un hébergement provisoire. Un contact avec une certaine Mme De Bruyne permet aux deux agents de passer la première nuit en Belgique occupée, chez un inspecteur de la SNCB. Ils rencontrent Samoyède III, alias *Jacques Veldekens*, et prennent des dispositions pour entrer en contact le plus rapidement possible avec les réseaux Othello et Mandrill.

Dès le 12 août, une somme de 600 dollars est remise à Mandrill et plus de 400 000 tracts de propagande sont ainsi imprimés et distribués. Le but recherché est de démoraliser au maximum les troupes occupantes. Rapidement, un autre contingent de 120 000 tracts est imprimé grâce à la complicité des imprimeries de la « Maison du Peuple ».

Quant à la mission Othello, elle répondait à la préoccupation des autorités belges de Londres d'approvisionner au mieux la population belge. En juin 1943 déjà, Michel Losseau est parachuté en Belgique et lance l'opération de créer un « Marché résistant » afin de contrecarrer le marché noir.

Après son retour en Angleterre, le flambeau est repris par Franz Van Dorpe, major SRA, alias *Othello II*. Grâce à l'action conjuguée des deux hommes, le secrétaire général de la CNAA ou Corporation Nationale de l'Alimentation et de l'Agriculture, M. De Winter, augmente les rations de pain de deux fois 25 grammes en l'espace d'un an et la qualité de la farine est améliorée.

Malheureusement, cet organisme officiel, créé sous l'occupation, jouit d'une très mauvaise presse. L'occupant soutient son action et la population, rationnée par les envois de matières premières vers l'Allemagne nazie, ne comprend pas toujours les décisions prises. Elle se pose bien souvent des questions sur la volonté affichée par le CNAA d'aider la population belge ou... l'occupant.

Malgré cette situation équivoque, Étienne Plissart, alias *Jean Pierre Petit*, rencontre Franz Van Dorpe et Édouard Descampe, son adjoint, et leur transmet les dernières directives de Londres. Suivant les instructions formelles de Londres, les trois hommes décident de ne pas faire battre le grain récolté, opération déjà entreprise par le maquis.

Afin de soutenir l'action d'Othello, l'agent de la Sûreté lui remet une somme de 2 000 dollars américains. Cet argent frais est destiné au service social du réseau, dirigé de main de maître par Mme Hugo Van De Perre. Cette brave dame, dont le mari s'est évadé de Belgique vers l'Angleterre, distribue deux fois par semaine des vivres et des vêtements à une centaine de familles victimes de la police allemande et de la

Gestapo. Cette solidarité peut ainsi perdurer avec l'apport financier supplémentaire parvenu de Londres.

Mais un autre objectif est recherché également par l'agent belge : mettre à l'écart le patron de la CNAA et l'empêcher de fuir la Belgique au moment de la libération. L'opération doit « camoufler » le responsable économique et le soustraire à la vindicte des résistants et de la population. Un accord a d'ailleurs été pris entre les deux parties et finalement, le secrétaire général ne fut pas arrêté par les forces de l'ordre. Le gouvernement en exil a tenu compte des services réels rendus à la population durant l'occupation et aucun fait grave de collaboration n'a été retenu contre M. De Winter. Pourtant, un arrêté royal du 31 août 1944 prévoit la liquidation de la CNAA. Cette information n'est pas communiquée aux agents présents sur le sol belge et ils continuent donc leur mission comme si de rien n'était. Mais le plus important pour *Othello* est d'informer le plus rapidement et le plus précisément possible des nouvelles directives reçues de Londres. D'un commun accord, il est donc décidé d'imprimer 40 000 tracts destinés aux agriculteurs.

Les imprimeries clandestines de la JOC se sont mises à tourner le 26 août et, quelques jours plus tard, une équipe se réunit pour mettre sous enveloppe les fameux tracts. Les activistes d'Othello auront tenté de faire parvenir ces directives aux bourgmestres, curés et secrétaires du CNAA de toutes les communes belges. Durant trois jours, au domicile de Mme Van De Perre, les tracts sont placés sous enveloppe et postés dans des boîtes aux lettres disséminées dans tout Bruxelles. Ce travail n'a malheureusement pas pu être clôturé par les membres de l'équipe, tout simplement parce que l'avancée des troupes libératrices s'est « trop » rapidement réalisée. Pourtant la situation économique est au plus mal : les paysans refusent de battre le blé, les stocks de farine se réduisent comme peau de chagrin et la distribution de pommes de terre est déjà interrompue depuis la fin du mois de juillet.

Pendant ce court laps de temps qui précède la libération de notre territoire, les messages de Londres apparaissent néanmoins sans équivoque. « *Suppression de tous les présidents et directeurs des groupements généraux, des Services centraux et des Secrétaires d'arrondissements de la CNAA. Recherche d'hommes compétents et présentant toute garantie de patriotisme pour remplacer les chefs démis.* » Cette motion de méfiance est rapidement mise à exécution.

Le 3 septembre 1944, les troupes britanniques et la Brigade Piron foncent sur la capitale de la Belgique. Elles entrent dans la ville le lendemain, mais la résistance et le réseau Othello sont déjà sur la brèche et se sont mis en place.

Le major SRA Van Dorpe sillonne les rues de la cité de Manneken-Pis afin de recruter des gardes armés. Ils sont dirigés vers les 32 bâtiments de la CNAA disséminés dans la ville et ils en prennent possession au nom des alliés et du « service Othello. Section de Civil Affairs ».

Quant au QG du réseau, il est établi au n° 294 de la rue Royale. Le président du Secours d'hiver, à l'origine d'inspiration allemande, contacte alors le service Othello pour connaître la marche à suivre. Mais Étienne Plissart et Franz Van Dorpe n'ont reçu aucune instruction de Londres pour un éventuel contact avec cet organisme. Par contre, l'isolement du secrétaire général de la CNAA a été immédiatement décrété et il n'eut pas la possibilité de convoquer en son cabinet une réunion des présidents et directeurs des différents Groupements Généraux de la CNAA.

Ils se retrouvent donc au QG d'Othello et s'entendent dire qu'ils « sont démis de leur fonction ». Malgré la libération, le travail ne manque pas et des communiqués officiels sont transmis par les antennes de l'INR (Institut national de radiodiffusion) vers les cultivateurs et les délégués d'Othello en province. Mais en plus, Plissart et Van Dorpe entrent en contact direct avec les officiers alliés responsables des *Civil Affairs* et le capitaine Losseau, accompagné du lieutenant-général Paul Tshoffen, de la Commission des affaires civiles.

Affaires civiles

La principale tâche des hommes des Affaires civiles était d'agir comme agents de liaison entre le gouvernement belge de Londres, le haut commandement allié et les autorités belges locales. La mission avait été définie par un décret-loi du 3 février 1944. Elle consistait en la mise sur pied d'un régime militaire jusqu'à la libération totale du territoire belge. Ces militaires portaient le « battle dress » britannique, avec des écussons « Belgium » et « Civilaffairs » ainsi qu'un badge aux couleurs nationales.

La rencontre se déroule le 6 septembre au QG de la rue Royale et les nouveaux venus annoncent que la mission Othello prend fin immédiatement avec l'arrivée des représentants du gouvernement belge.

Fréteval et *Cousine Lucienne...* Lucien Boussa

Le 13 janvier 1908, Alain Lucien Boussa voit le jour à Glain, une petite commune située près de Liège. Passionné par l'aviation, le jeune homme obtient son brevet de pilote en décembre 1931. Lors de l'invasion de la Belgique par les Allemands, le jeune capitaine est basé à l'aérodrome de Nivelles où il commande la 5e escadrille du IIIe groupe de Nivelles, Aigle Bleu.

Après la défaite, il part pour l'Angleterre où la RAF l'accueille en juin 1941. Promu *pilote-officer*, il est affecté à de nombreux Squadrons différents avant de rallier le 350e en 1942. Il devient le chef de l'escadrille belge en date du 28 mars et commande même l'entièreté du Squadron dès décembre de la même année.

Il est crédité de sept victoires aériennes et ce palmarès le situe en seconde place des as belges, juste derrière Yvan du Monceau de Bergendael.

Au début de l'année 1944, il demande son transfert aux SAS ou *Special Air Service*, unité d'élite aéroportée. En prévision du futur débarquement de Normandie, les missions de bombardement, tant de jour que de nuit, se multiplient. Le corolaire de cette spirale consiste en la perte de nombreux appareils. La problématique de récupérer un maximum de personnel naviguant abattu s'avère primordiale pour les Alliés. Depuis plusieurs années déjà, le fameux réseau Comète exfiltre les aviateurs recueillis en Belgique et en France. Créée par Andrée De Jongh, cette filière fonctionne au mieux, mais l'approche des opérations du jour J promet de sérieux problèmes d'évacuation des aviateurs.

Opération *Possum*

La Mission Martin, la *Possum Line* et le réseau Comète ont travaillé ensemble afin d'exfiltrer un maximum de pilotes alliés abattus au cours de leurs missions. L'histoire de *Possum Line* débute le 15 juillet 1943 avec le parachutage dans le petit village de Suxy du commandant Dominique Edgard Antoine Potier et de son opérateur radio canadien Conrad Lafleur. Ils doivent mettre sur pied un réseau aérien ou marin d'exfiltration vers l'Angleterre, à partir de la Champagne et, notamment grâce à des Westland Lysander. Cette priorité est jumelée à la création de filières de secours vers Saint-Sébastien ou Barcelone. Les six derniers mois de 1943, 3 opérations ont permis de rapatrier 11 membres d'équipage et un agent du SOE. Avant d'être démantelé par les Allemands, *Possum Line* a réussi à exfiltrer près de 70 aviateurs. Malheureusement, le réseau belgo-français a été décapité par la perte de son mentor Dominique *Edgard* Potier qui, sous la torture, finit par se suicider. La majorité des membres du réseau est arrêtée et déportée.

Une nouvelle solution doit donc être trouvée car le manque de pilotes, observateurs ou mitrailleurs commence à se faire cruellement ressentir. Un des dirigeants du réseau Comète,

Jean de Blommaert de Soye, dit *Le Blom*, est rentré de mission.

À Londres, il tente de résoudre ce problème crucial avec les responsables de ces « sauvetages ». Une réunion permet ainsi de rassembler autour d'une même table *Le Blom* et le colonel britannique Airey Neave, chargé par le MI 9 de veiller sur ces lignes d'évasion. La mission fondamentale du département « 9 » de l'intelligence militaire consiste à aider, récupérer et ramener en Angleterre, soit des résistants « brûlés », soit des militaires tombés derrière les lignes ennemies ou encore des prisonniers de guerre évadés. De plus, la répression des services de la Gestapo, les infiltrations des filières et l'exécution de certains hébergeurs amenuisent sensiblement les chances de rentrer au pays par les voies traditionnelles.

La traversée de la France et de l'Espagne sont de plus en plus difficiles et une nouvelle stratégie se doit d'être mise en place. Au cours de ces contacts entre les deux hommes, une idée à tout le moins originale est émise : créons une espèce de « camp de transit » où les aviateurs seront rassemblés. Ils attendront ainsi le développement des opérations militaires sur le terrain français et le haut commandement aura tout loisir de les rapatrier au meilleur moment.

Ainsi naît l'opération *Sherwood* pour les Anglais et *Marathon* pour les Français et les Belges. Le montage se précise et, après une étude de faisabilité à l'arrière du futur front, un secteur de rassemblement est désigné pour ce sauvetage particulier. Le camp sera installé dans l'immense forêt de Fréteval, située entre les villes de Chartres, Châteaudun et Orléans. Maintenant, il faut trouver le « *right man at the right place* ».

Le choix se porte sur le lieutenant-colonel Lucien Boussa, qui fait déjà partie des SAS, possède un grade élevé pour préserver une autorité certaine dans le camp et parle couramment le français et l'anglais. De plus, il est au courant de tous les rouages internes de la RAF.

Bref, le pilote belge est bien l'homme idéal pour mener à bien cette mission qui sort des sentiers battus. Cette opération sera d'ailleurs l'unique en son genre au cours de la Seconde Guerre mondiale. Lors de l'élaboration des plans définitifs, le responsable du MI 9 doit tenir compte de deux détails qui revêtent une importance capitale : Lucien est allergique aux sauts en parachute et les Allemands ont installé un dépôt de munitions dans cette immense forêt française. Ces « détails » sont rapidement balayés d'un revers de main par le colonel Airey Neave et de Blommaert.

Les infiltrés remonteront la ligne « Comète », passant par le Portugal, l'Espagne et la France. Quant à ce dépôt de munitions, il devrait devenir un important élément de camouflage pour *Marathon*. Quel fou aurait l'idée de rassembler des pilotes alliés dans un endroit aussi proche d'une base allemande? Finalement, il y avait suffisamment de place dans cette imposante forêt de Fréteval pour y dissimuler un camp d'aviateurs et... un dépôt de munitions ennemi! Lucien et son radio François Toussaint rentrent en France occupée comme prévu. Afin de mettre en place le dispositif d'hébergement, *Le Blom* et Daniel Ansia sont parachutés à Saint-François avec des fonds importants qui doivent assurer la subsistance du futur camp. De nombreux contacts sont noués avec les groupements de résistants de la région et « petit à petit l'oiseau fait son nid » !

Boussa, arrivé à Paris le 13 mai 1944, rejoint Jean de Blommaert, surnommé *Le Renard* par les services de la police allemande. Ils reviennent ensemble vers cette forêt qui va vivre des heures mémorables et uniques.

Entré en contact avec *Sinclair*, alias Maurice Clavel, le chef départemental des Forces françaises de l'intérieur de l'Eure et Loir, Boussa, alias *Cousine Lucienne*, et son radio sont pris en charge et conduits vers la forêt. Lucien Boussa s'installe dans le pavillon de chasse du marquis de Levis de Mirepoix. Son radio trouve asile à une dizaine de kilomètres d'un lieu-dit *Bellande*. Au cours de la semaine qui suit l'arrivée de l'agent belge, une trentaine d'aviateurs arrivent déjà et toutes les forces vives de la région unissent leurs efforts pour construire au plus vite le camp, et surtout assurer le ravitaillement de ces hommes. Devant l'afflux toujours croissant de nouveaux « évadés », un second camp voit le jour dans les denses sous-bois et Le Blom en devient le responsable.

Quelque peu dépassé par le succès de l'opération *Marathon*, le lieutenant-colonel de la RAF doit faire appel aux responsables du réseau Comète pour lui donner un coup de main. Les nouvelles du débarquement en Normandie et de l'avancée des troupes anglaises et américaines parviennent aux camps où plus de 150 aviateurs et résistants attendent avec impatience leur « bon de sortie ».

Dès la première quinzaine de juillet, par mesure de sécurité, le QG de l'opération et son chef belge déménagent vers la gare de Saint-Jean-Froidmentel. De là, Lucien Boussa dirige la mission et surtout veille à maintenir un haut niveau de discipline. La moindre erreur peut être fatale à l'opération et les Allemands, aux abois suite aux mouvements des troupes alliées, restent à l'affut de toute éventuelle indiscrétion. Heureusement, les consignes sont scrupuleusement observées et tout au long de cette exfiltration extraordinaire, aucune perte ne sera enregistrée.

De son côté, le colonel Airey Neave du MI 9 a débarqué en France avec un commando d'agents belges, français et anglais. La mission de cette petite unité consiste en un raid pour libérer les aviateurs de la forêt de Fréteval. Sur le sol français, les combats font toujours rage. Neave s'installe avec ses hommes au Mans, à l'enseigne de *l'Hôtel moderne*. Il est rejoint par un groupe d'une quarantaine de SAS britanniques, emmenés par le capitaine Anthony Greville-Bell.

Cet officier d'origine australienne, né à Sidney, avait déjà participé à plusieurs opérations commandos et notamment dans le Nord de l'Italie. Les deux groupes sont rejoints par une nouvelle section de parachutistes belges infiltrés derrière les lignes allemandes. Pour sa part, impatient, le responsable de *Marathon* décide de partir à la rencontre des Alliés et se dirige vers Le Mans. Guidé par un résistant français, Boussa y retrouve Neave au début du mois d'août. Les deux hommes échangent des informations sur le terrain et la retraite des Allemands. Ils se mettent d'accord pour clôturer l'opération le 13 ou le 14 août prochain. Une septantaine de kilomètres sépare le groupe de Neave et Greville-Bell de la forêt, où attendent les rescapés de Fréteval.

Une colonne de véhicules escortée par les commandos et les SAS part du Mans le 14 août. Le convoi composé de 4 autobus, et autant de jeeps et de voitures de FFI s'ébranle vers la forêt. Sans rencontrer de résistance de l'occupant, il rallie les camps Un et Deux. La résistance française aide également à la progression de ce convoi vers la liberté. Les 157 « pensionnaires » sont ramenés dans la liesse populaire vers Le Mans réputé depuis 1923 pour ses 24 heures de course automobile.

Très rapidement, les hommes de Fréteval sont rapatriés vers l'Angleterre, reçoivent de nouvelles affectations et prennent part à l'offensive alliée contre les forces allemandes. Lucien Boussa et son compère Jean de Blommaert ont mené à bien ce sauvetage incroyable qui restera à jamais gravé dans les annales de la RAF, des SAS et du réseau Comète...

L'opération *Marathon* s'est clôturée par un retentissant succès dans lequel les Belges ont pris une part prépondérante !

Missions SAS belges...

En juillet 1942, les forces terrestres belges en Angleterre se réorganisent et une nouvelle unité voit le jour : le *Belgian Independent Parachute Company.*

Cette compagnie est placée sous les ordres du commandant Thise qui, après s'être blessé grièvement lors d'un parachutage, est remplacé par son second. Le capitaine Édouard *Eddy* Blondeel met en place et entraîne quatre pelotons dont les origines sont bien définies. Le premier est composé des « canadiens », ces Belges venus du continent américain après avoir répondu à l'appel du gouvernement belge en exil. Le deuxième compte en ses rangs les anciens baroudeurs de la Légion étrangère et les « évadés » de Belgique. Le peloton III se compose surtout des derniers arrivés en Grande-Bretagne. Quant au quatrième, le peloton « mortiers », il regroupe des volontaires issus de la future Brigade Piron.

Tout ce petit monde subit un entraînement extrêmement poussé et peaufine ses connaissances militaires avec les membres de la 6e division aéroportée britannique. Stationnés à Salisbury depuis août 1943, les hommes du capitaine Blondeel se perfectionnent à toutes les techniques de combat propres aux petites unités amenées à opérer le plus souvent de nuit, et derrière les lignes ennemies. Sabotages, explosifs, techniques radio, déminage, connaissance de la langue allemande et amélioration de la résistance physique sont à l'ordre du jour de ces parachutistes belges.

Le 4 février 1944, le *Belgian Independent Parachute Company* est transféré dans la *Special Air Service Brigade* ou brigade SAS du général Roddy McLeod. Ils y constituent le 5e régiment SAS belge, qui côtoie deux autres régiments britanniques et deux français. Chacun de ces régiments comprend 40 *sticks* de 10 hommes.

Le jour du débarquement en France se rapproche à grands pas, mais les 5 et 6 juin, ce sont des SAS britanniques et français qui sautent les premiers en Bretagne et en Normandie. Les Belges attendent, ils disposent de 24 équipes opérationnelles et sont transférés à la nouvelle base de la RAF de Fairford. Le premier groupe de reconnaissance belge monte à bord d'un appareil anglais dans la nuit du 27 juillet. Parachutés au nord de La Chartre-sur-le-Loir, les hommes du lieutenant anversois Jef Ghys entrent en contact avec les maquisards locaux. Les 5 paras font partie de l'opération *Chaucer*. Ils apportent 24 conteneurs d'armes et de munitions. Ce sont les premiers soldats belges engagés dans la bataille de Normandie.

Ils sont rejoints quelques jours plus tard par une quinzaine de compagnons afin de livrer un combat de harcèlement et de saper le moral des troupes allemandes. Ayant repéré la présence d'une division ennemie dans la forêt de Vibraye, les SAS préviennent Londres et les bombardiers anglais viennent pilonner l'endroit le lendemain.

Cette première mission « belge » sera clôturée le 14 août. Mais entretemps, une nouvelle mission est confiée au lieutenant Émile Debefve. Un Armstrong Whitworth A.W.41 « Albemarle », utilisé essentiellement pour le largage de paras et le remorquage de planeurs, embarque donc le 28 juillet l'officier belge et ses hommes pour l'opération *Shakespeare.*

L'accueil des résistants est particulièrement chaleureux, mais la petite unité doit rejoindre de nuit une nouvelle zone de *dropping* située à une cinquantaine de kilomètres. Le 8 août, 3 bombardiers Halifax survolent l'aire de parachutage, et le lieutenant Debefve est rejoint par Freddy Limbosch et ses « canadiens ».

Le lendemain, les SAS se rendent à La Flèche où un convoi allemand est coincé dans une embuscade. Le soldat Roger Carette, un jeune Courtraisien, tombe sous les balles nazies. Ce sera le tout premier parachutiste belge mort en opération. *Shakespeare* se termine le 16 août après avoir libéré le petit village de Cogners.

La mission se solde par un bilan extrêmement positif: une quarantaine d'ennemis tués pour un blessé, le soldat Rogiest et un tué dans les rangs du commando. Les opérations se succèdent pour les Belges et le 3 août, c'est au tour du lieutenant Gilbert Sadi Kirschen, dit *Kiki*, de la première Compagnie SAS belge de sauter dans la région de Nogent-le-Rotrou. Le *stick* atterrit à Marchainville et, après le contact pris avec un lieutenant français Jérôme Levesque, la décision est prise de mettre en place un plan d'action commun SAS / FFI.

FFI

Le premier février 1944, tous les groupements de résistance actifs sur le territoire français fusionnent et l'AS (armée secrète), l'ORA (organisation de résistance de l'armée) et les FTP communistes (francs-tireurs et partisans) unissent leurs efforts contre l'occupant. Le général Marie Joseph Pierre François Koenig en devient le chef militaire. Les Forces françaises de l'intérieur compteront jusqu'à près de 400 000 hommes et perdront plus de 13 000 membres.

La procédure est toujours la même et 6 jours plus tard, l'équipe au sol retrouve, dans les campagnes de l'Eure et Loir, le groupe commandé par le sergent Déom.

Suite à une méprise lors de l'embarquement des troupes à Fairford, les sections de Limbosch et de Déom ont été conduites vers des appareils prévus pour l'autre mission. Les parachutages ont bien réussi, mais les deux équipes ne retrouvent pas leurs chefs respectifs.

Grâce à un entraînement poussé et à la souplesse des effectifs, cette mésaventure ne cause cependant pas de perturbation lors de l'exécution des deux missions.

Opérant dans la région de Longny, cette troisième opération SAS détruit un important dépôt de munitions allemand renseigné par les résistants locaux. Les opérations jumelées avec les forces FFI se déroulent parfaitement. Cinq petits groupes mixtes sont formés et pratiquent des actions de guérilla très efficaces.

Un engin chenillé allemand est détruit et 7 ennemis sont tués, 2 camions sont rendus inutilisables et toutes ces opérations se soldent par un blessé léger, le caporal-chef Regner.

Quelques jours plus tard, le 14 août, une colonne de GIs fait son entrée dans la petite ville et le lieutenant belge partage ses informations avec le commandant américain. *Bunyan,* la mission du lieutenant Kirschen se termine le 18 août par un rembarquement au port artificiel d'Arromanches.

Au vu des 3 opérations menées par les Belges, les résultats obtenus sont très positifs et les nombreux contacts noués avec les réseaux de résistance ont été d'une grande utilité pour les éléments du SAS engagés dans la bataille de Normandie. Dès lors, les Anglais décident d'adjoindre des SAS belges à leurs propres unités pour de nouvelles missions. Ils serviront d'interprètes avec les résistants français et faciliteront la tâche des britanniques.

Deux « bérets rouges », Raymond Holvoet et Jean Temmerman, sont ainsi versés dans le premier régiment SAS britannique pour participer à une nouvelle équipe dénommée *Haggard.* Dans la nuit du 10 au 11 août, 6 hommes sautent dans la région de Bourges, près de la forêt d'Ivoy. Rejoint par les hommes du major Lépine, le petit contingent fournit de nombreux renseignements sur la situation militaire de la région et participe à une campagne de sabotage jusqu'à la libération de Bourges par les Forces françaises libres de l'intérieur.

En date du 7 septembre 1944, le quotidien *Le Petit Berrichon* annonce aux habitants : « L'occupation de votre ville par l'ennemi a pris fin hier le 6 septembre, 30e anniversaire de la bataille de la Marne. » Ce message est signé par le commandant Colomb, chef des FFI du Cher.

La fête pouvait commencer et les SAS ont très certainement participé aux liesses populaires avant de repartir pour l'Angleterre.

Dès le 16 août, une nouvelle mission est mise sur pied avec des détachements SAS tant belges que britanniques : 50 Anglais et 62 compatriotes. Les 6 groupes parachutés doivent non seulement harceler l'ennemi mais surtout détruire les dépôts d'essence allemands. Cette collaboration conduit 2 *squads* de 5 hommes à « tomber du ciel » aux environs de Saint-André-de-l'Eure. Le sous-lieutenant Jean-Claude Heilporn et le sergent Henri Verschuere qui commandent ces deux premières *Advance Party,* s'offrent plusieurs sabotages avant d'accueillir 4 nouveaux groupes de SAS belges. De son côté, le sergent Devulder a éprouvé toutes les peines du monde à regrouper ses compagnons autour de lui. Finalement, quelques heures après la rencontre des SAS avec les avant-gardes américaines, le sergent et ses frères d'arme ouvrent le feu sur des Allemands qui sortent d'un petit bois. Résultat de l'opération : un lieutenant blessé et fait prisonnier. Cette opération *Trueform* désorganise sérieusement le repli des troupes allemandes et voit le commandant Étienne Delelienne, alias *Delaing*, jouer de malchance.

Lors du parachutage, il tombe pratiquement au milieu d'une patrouille ennemie et est fait prisonnier à Sacquenville. Normalement, les ordres d'Hitler étaient simples : tout parachutiste capturé par les troupes allemandes devait être immédiatement fusillé. Conduit vers l'officier, Delelienne ne doit finalement la vie sauve que grâce à ses faux papiers canadiens. L'Allemand l'interpelle : « Vous avez participé aux JO de Berlin en 1936 ! Vous étiez un bon cavalier et un adversaire loyal... Vous aurez la vie sauve ! » Douze jours plus tard, les troupes alliées ont rejoint les 80 SAS qui repartent vers l'Angleterre et de nouvelles interventions derrière les lignes ennemies.

Le 28 août, alors que *Trueform* se termine, le lieutenant Kirschen retourne au contact pour l'opération *Benson*. Cette fois, c'est au-dessus de Saint-Just que le largage est prévu pour son *squad*.

Toujours le même accueil par la résistance, mais cette fois, les SAS sont attaqués dans une ferme par des troupes allemandes. Le lieutenant et ses hommes parviennent néanmoins à se dégager et à transmettre à Londres un message reprenant toutes les positions des troupes allemandes dans le département de la Somme. Ces renseignements extrêmement précieux avaient été copiés par un médecin de la région.

Eu égard à cet exploit, le lieutenant belge obtiendra une DSO *Distinguished Service Order* pour services rendus. Vers la mi-septembre, les Alliés font jonction avec les SAS et *Benson* prend fin...

Après toutes ces missions sur le territoire français et pendant la bataille de Normandie, les SAS belges participeront encore à de multiples actions en Belgique, en Hollande et même en... Allemagne.

CHAPITRE XI

Ingratitude belge...

Le comportement de l'État Belgique vis-à-vis de ses ressortissants qui se sont battus pour les Alliés sous des uniformes anglais ou américains a frisé non seulement l'absurde, mais a été parfois empreint de tant de mesquinerie et de bêtise qu'il vaut la peine d'être souligné.

Autorités tatillonnes, abritées derrière de sordides paravents de règlements surannés, tout ce petit monde, bien souvent « planqué » lors de la Seconde Guerre mondiale, a réussi à écrire de nombreux chapitres tellement ridicules qu'ils sont à en pleurer. Et l'histoire désopilante et navrante de ressortissants belges n'a pas attendu la fin des hostilités.

Dès le début de la campagne des 18 jours, de nombreux citoyens ont été confrontés à des situations ubuesques. Que de malentendus, d'interprétations rigoureuses et finalement de bêtises humaines se sont abattus sur ces pauvres Belges qui avaient été abandonnés par leurs responsables politiques.

Lors de la capitulation, certains ministres ont suivi l'exode, et se sont réfugiés en France où, il faut bien le souligner, l'accueil n'a certainement pas été des plus chaleureux. Mais, outre les injures du genre « boches du Nord » ou « lâches », les brimades quotidiennes étaient courantes. Pour avoir vécu l'exode, mon grand-père maternel racontait : « les Français voulaient à toutes fins réquisitionner le camion de la brasserie pour laquelle je travaillais. Nous avions terminé l'exode à Saint-André-de-Najac et j'avais été obligé de démonter certaines pièces du moteur pour empêcher les soldats français de confisquer notre véhicule. »

Triste période où le seul fait d'être Belge constituait une tare indélébile. Les déclarations du président du Conseil français Paul Reynaud avaient d'ailleurs largement contribué à une opinion publique qui condamnait les ressortissants de notre pays pour avoir capitulé. Entre les vexations et les insultes, les civils ont même subi des interdictions de circuler en raison de la possession de plaques belges. Certains ont été obligés de remettre leurs véhicules dans des « parcs de stationnement »..., d'où ils ne furent restitués qu'après la fin des hostilités. En début de guerre, l'hospitalité sincère est bien loin d'être d'application même chez nos « cousins » de l'hexagone.

Pierre Stéphany dans son livre *Des belges très occupés*, ne manque pas de souligner : « Beaucoup de Belges revinrent de cette aventure guéris pour longtemps de l'amitié qu'ils avaient cru, précédemment, devoir porter à leurs voisins du Sud. » L'exode faisait rage, et pendant ce temps, plus de 500 000 jeunes gens avaient reçu leurs feuilles de route pour rejoindre des CRAB ou centres de recrutement de l'armée belge où, bien souvent, les Allemands étaient arrivés avant eux. Beaucoup se sont d'ailleurs retrouvés repoussés par les événements en zone libre française. Durant cette période totalement anarchique, les ministres et parlementaires belges se sont placés sous la protection de la France, et errent entre Limoges et Poitiers.

Hubert Pierlot, Paul-Henri Spaak et le lieutenant-général Denis, ministre de la Défense, se posent des questions quant au devenir de l'Europe.

Le 19 juin, l'armée a reçu l'ordre formel de déposer les armes. Le même jour, le Centre d'instruction pour sous-lieutenants d'artillerie, replié à Limoux, est prié « de rester en place, et d'éviter tout contact, toute action contre l'envahisseur. » Cet ordre résulte d'une communication émanant du ministère de la Défense nationale, parvenue au major Debatty, commandant le CISLA, par l'intermédiaire du lieutenant Georges Vivario, qui deviendra, après-guerre, le chef de l'état-major général de l'armée belge.

Le CISLA

En 1940, le Centre d'instruction des sous-lieutenants d'artillerie a été évacué à Limoux. Il comptait en ses rangs 800 hommes parmi lesquels 300 élèves et officiers élèves de l'École militaire. Dès le 17 juin, les ordres ont été très clairs : « Le devoir de tous réside dans le respect d'une stricte discipline. La seule ligne de conduite est d'attendre les directives des chefs et de s'y plier sans réserve et sans discussion. » Pourtant 8 jeunes sont partis pour l'Angleterre : Guy de Patoul, Marcel Haes, Robert Hynderick de Theulegoet, Pierre Neuray, André van Vyve, Jacques Wanty, Henri Marchal et Adolphe Meny. Ils se retrouveront à Tenby au pays de Galles.

On est en droit de se demander si la Belgique avait encore l'intention de poursuivre la lutte. Il aurait facilement été possible d'acheminer les troupes et les cadres réfugiés en France vers le Congo ou l'Angleterre. Mais il semble qu'un vent de défaitisme, d'indécision ou de profond désespoir souffle dans les rangs des responsables politiques de l'époque. Pratiquement à la même date, l'ambassadeur belge à Londres reçoit un message de Bordeaux qui ordonne de démobiliser les unités qui se trouvent en Grande-Bretagne.

Le colonel aviateur Louis Wouters, attaché militaire à Londres et son adjoint le commandant Charles Cumont, tout comme le capitaine aviateur Léon De Sommer, s'insurgent contre cette décision. Ils font parvenir une lettre au ministre de la Défense dans laquelle ils s'élèvent contre cet ordre qu'ils jugent « irresponsable ». « Si l'ambassade s'exécute, les troupes belges passeront chez de Gaulle et les Britanniques, ou se feront interner. »

Ministre de la Défense

Henri Jean Charles Eugène Denis, (1877-1957) lieutenant-général est ministre de la Défense de 1936 à 1940.

Il obtient son premier portefeuille le 13 juin 1936 sous le gouvernement Van Zeeland II et reste en poste jusqu'au 23 août 1940. Il est considéré comme un ministre sans portefeuille pour la période de 1940 à 1944. Dans le gouvernement Pierlot IV qui, de Londres, dirige la Belgique, le poste de ministre de la Défense sera aux mains de Hubert Pierlot, à partir du 23 octobre 1940.

Quelques jours plus tard, le général Denis revient sur sa décision et télégraphie « l'autorisation de former une unité uniquement sur base du volontariat... » Dans ce même message, le général-ministre Denis souligne que : « affectation Forces belges à l'armée britannique contraire politique pays... » Tous ces ordres contradictoires démontrent combien la position du gouvernement belge en France semble précaire. La volonté de renvoyer vers la Belgique les soldats repliés sur ordre et la réserve de recrutement regroupée dans les CRAB est complètement incroyable.

Le code militaire estime qu'un commandant en chef qui rend ses troupes à l'ennemi sans avoir épuisé tous ses moyens de résistance, peut être accusé de haute trahison.

Cependant, la piste du Congo belge est toujours ouverte... même si certains ne désirent pas rejoindre l'Angleterre. Un repli vers la colonie était non seulement possible, mais constituait une échappatoire toute indiquée. Il fallait réagir vite parce que le projet de Marcel-Henri Jaspar est de constituer un « Gouvernement belge de Londres » et d'y rattacher les troupes déjà sur le sol britannique. Si les ministres Pierlot et Spaak partent finalement vers l'Angleterre, il n'en sera pas de même pour le ministre de la Défense qui, réfugié dans un premier temps en France, rejoindra plus tard la Suisse !

In fine, ce sera le Premier ministre Hubert Pierlot, qui cumulera les portefeuilles de Premier avec celui de la Défense.

Bien peu de citoyens n'envisageaient l'avenir de notre pays autrement que placé définitivement sous l'autorité nazie.

Dans le livre *Les mensonges de juin 40* de Bernard Legoux aux Éditions Jourdan, on peut lire :

« Déjà le 20 mai, aucun dirigeant ne croit plus sérieusement à une victoire possible de la France. » Tous les propos sont défaitistes, et « le président Roosevelt aurait convoqué l'ambassadeur d'Angleterre pour lui suggérer de mettre la flotte britannique à l'abri dans les ports américains. »

Suite à la capitulation des Forces belges le 28 mai 1940, Paul Reynaud ne manque pas de vilipender le roi Léopold III. « Il est extrêmement disert sur la capitulation belge, et trouve un deuxième bouc émissaire pour les échecs français. »

Général Corap

Le général de corps d'armée français Georges Corap (1878-1953) commandait les troupes de l'Hexagone dans les Ardennes. Il subit la percée de Sedan et fut vivement critiqué par Paul Reynaud. Les sanctions seront très rapides et il sera versé dans le cadre de la réserve dès le 1er juillet 1940.

« Après le malheureux général André Georges Corap, il poursuit le roi des Belges de son ire, porte atteinte à son honneur par des déclarations radiophoniques outrancières, et le fera même radier de la Légion d'honneur ! »

Par contre, en Angleterre, deux représentants du gouvernement belge en mission, Camille Gutt, ministre des Finances, et Albert De Vleeschauwer, qui avait reçu les pleins pouvoirs pour le Congo belge et le Ruanda-Urundi, attendent la suite des événements et tentent par tous les moyens de diriger plusieurs ministres vers les îles britanniques. Pendant ce temps, quelques militaires partis continuer le combat en Grande-Bretagne ont ouvert à Londres un bureau de recrutement.

Entre le 24 juin et le début août, 124 aviateurs belges sont déjà regroupés dans le pays de Galles. Ils seront rapidement incorporés dans les escadrilles de la RAF et participeront activement à la bataille d'Angleterre. Finalement, au mois de juillet, une formule sans équivoque est présentée aux troupes belges rassemblées à Tenby. Les volontaires combattent dans l'armée britannique tout en conservant l'appellation de « soldats belges ». Ils attendent de pied ferme les futurs candidats à la lutte contre l'envahisseur. Si certains Belges installés à l'étranger ont répondu à l'appel des autorités militaires, d'autres se sont tournés tout naturellement vers les États où ils professaient ou poursuivaient leurs études.

Bataille d'Angleterre

Avant la constitution d'un gouvernement belge en exil, 29 aviateurs ont donc rejoint la RAF et sont incorporés dans des Squadrons de chasse. Ces « déserteurs » participeront ainsi à la défense aérienne de l'Angleterre, dernier bastion libre en Europe. Ce petit groupe d'irréductibles obtient 21 victoires confirmées et six probables. Mais cet engagement aura un prix : 7 tués au combat et 2 blessés très grièvement. Leur sacrifice a empêché Hitler de poursuivre sa marche en avant en envahissant les îles Britanniques...

Parmi les « heureux élus » qui ont rejoint Londres avec la volonté de s'engager auprès des forces de la liberté, certains ont découvert tardivement l'absurdité de la situation.

L'histoire de Pierre Jaspar n'est certainement pas unique mais mérite d'être contée. Le frère de Marcel-Henri Jaspar, le plus jeune ministre belge en exil à Bordeaux, travaille aux Indes à la réalisation d'un palais pour le compte d'un maharadja local. Les plans de cette merveille ont été conçus par leur père, Ernest Jaspar, architecte connu et réputé pour ses réalisations au Congo belge et en Égypte. Pierre a été réformé avant de partir aux Indes et donc exempté de service sous les drapeaux belges. Mais qu'à cela ne tienne, les autorités compétentes lui font parvenir une injonction de rejoindre Londres afin de se présenter dans un centre de recrutement des Forces armées belges.

Obtempérant à cet ordre militaire, il embarque rapidement sur un navire qui relie régulièrement les Indes aux îles britanniques. Accompagné de son épouse et de son fils, il part se mettre à disposition de son pays quand, au large des côtes africaines, le bateau sombre. Pierre Jaspar et sa petite famille se retrouvent sur un frêle esquif qui finalement échoue sur les plages de l'île de Sainte-Hélène.

Tout heureux d'avoir survécu au naufrage, il n'en oublie pas pour autant son ordre de marche et continue imperturbablement sa route vers l'Angleterre et plus précisément Londres où les autorités belges l'attendent.

Arrivé dans la capitale anglaise, il rejoint le bureau d'appel et se trouve devant un officier qui examine scrupuleusement son dossier. Après lecture du document, Pierre Jaspar s'entend dire : « Vous avez été réformé et vous pouvez rentrer chez vous... » Après avoir parcouru plusieurs milliers de kilomètres, risqué sa vie lors d'un naufrage, ce citoyen belge pour lequel aucun rappel n'aurait dû être formulé, s'est donc retrouvé à Londres, loin de son travail et ... exempté une nouvelle fois !

Victor Billet...

Mais le fils du baron Jaspar n'est pas le seul à avoir été piégé par les autorités militaires belges de l'époque. Le lieutenant Victor Billet, officier de la Marine de l'État à bord de la malle *Prince Philippe*, évacue le port d'Ostende et rejoint l'Angleterre, où il se met au service de l'Amirauté. Son bâtiment participera notamment aux évacuations des ports de Cherbourg, Brest et Saint-Malo, sauvant de la captivité de nombreux soldats britanniques, canadiens et français. Le 10 octobre 1940, Billet est nommé lieutenant de vaisseau de la RNVR ou *Royal Naval Volunteer Reserve*. Il se retrouve dans la section belge, où il aura pour supérieur le capitaine de corvette Georges Timmermans futur commandant de la 202e flottille de débarquement en Normandie. Le jeune officier veut servir son pays et se battre. Sa mutation en mai 1942, aux opérations combinées de Lord Mountbatten, le ravit.

Ses cours terminés, il est versé au sein d'une flottille qui devra déposer sur la plage le régiment Calgary du lieutenant-colonel Andrews. Cette unité de char est canadienne et porte le n° 14. Elle participera quelques semaines plus tard au raid qui doit endommager sérieusement les installations portuaires de Dieppe.

Les *Calgary Tanks* seront la toute première unité canadienne à avoir participé à une opération militaire contre les Allemands. L'opération *Jubilee* est donc en préparation et Victor Billet fait partie de ces braves qui combattront sur les côtes françaises et y essuieront un des plus cuisants revers allié de la Seconde Guerre.

Calgary Tanks

Own Calgary Regiment est un régiment canadien de chars qui a été équipé de tanks Churchill pour l'opération *Jubilee* sur Dieppe. C'était la première fois que ce type de matériel était utilisé sur le front. L'unité a été pratiquement décimée et son chef de corps, le lieutenant-colonel John Andrews a été tué lors de l'affrontement avec les défenseurs allemands.

Après une annulation de l'opération en juillet pour des raisons météorologiques déplorables, ce raid est néanmoins reprogrammé à la mi-août. Dans la nuit du 17 au 18, Billet surveille le chargement des 58 chars Churchill du 14e régiment. Tout est prêt sur les péniches et le moment tant attendu par les troupes canadiennes, anglaises et américaines est enfin arrivé.

Elles vont traverser la Manche et enfin lutter sur le sol de France. Cette opération voit également d'autres unités

« belges » participer à ce raid sur Dieppe. Quatre anciennes malles « Ostende-Douvres » transportent les hommes vers les plages françaises. Dans le récit de l'opération relaté par le lieutenant-colonel Paul Eygenraam, ce dernier cite le rôle des Belges lors de ces combats meurtriers.

« Le *Prince Charles* transporte le *Royal Hamilton Light Infantery* du lieutenant-colonel Labatt. Ce régiment est chargé de la redoutable attaque frontale ouest. Le *Prince Léopold* abrite à son bord le Canadien Jasperson auquel est confiée l'attaque frontale est. Le *Prins Albert* transporte les hommes du commando interallié n°4. Le major Roberts Mills débarque à Vasterival et Lord Lovat à Quiberville. Ce commando fut le seul à réussir complètement sa mission et à rembarquer au complet. »

Lord Lovat

Simon Christopher Joseph Fraser dit *Lord Lovat* est un général anglais qui a commandé la première brigade spéciale durant la Seconde Guerre mondiale. Le 6 juin 1944, lors du débarquement, il quitte la barge de son régiment accompagné de son cornemuseur Bill Millin. Le célèbre film *Le jour le plus long* a immortalisé plusieurs scènes cultes comme la traversée d'un pont resté célèbre, le Pegasus Bridge, au son de la cornemuse. Pour la circonstance, il arborait un pull blanc à col roulé en guise d'uniforme. L'acteur Peter Lawford a remarquablement campé ce personnage haut en couleurs qui avait déjà participé au raid sur Dieppe.

Quant à la *Prinses Astrid,* elle a pris à son bord une partie du *Royal Regiment of Canada* du lieutenant-colonel Catto, opérant sur Puys. « Pour arriver à aborder l'objectif, un des dragueurs de mines de la flottille de Portsmouth, le *Ilfracombe,* avec à son bord l'enseigne de vaisseau van Dyck, ouvre un chenal à l'armada britannique. Sur mer, le lieutenant de vaisseau de Poorter est à bord du LSI *Queen Emma.* Tous ces marins belges seront soutenus dans les airs par les pilotes de la 350e escadrille de chasse. La couverture aérienne lui est dévolue et le commandement du Wing est également entre les mains d'un Belge : le *Squadron Leader* Désiré Guillaume.

Afin de renforcer la 350e, le haut commandement de l'opération *Jubilee* lui a adjoint deux escadrilles tchèques, une polonaise et une américaine. Cet appui aérien au-dessus de Dieppe constitue la toute première intervention d'une escadrille de l'US Air Force en Europe durant la Seconde Guerre mondiale. Et l'honneur d'avoir conduit au combat ces pilotes venus du nouveau monde est revenu à un Belge...

Mais rien ne se passe selon les plans établis par les chefs militaires anglais. En quelques heures, l'échec est consommé au prix de très lourdes pertes en matériel et en vies humaines. Plus de 3 000 Canadiens seront fauchés sur les plages et dans les rues de Dieppe.

Lors du bilan final, parmi les quelque 500 marins tombés au champ d'honneur, les services de la RNVR déplorent la perte de Victor Billet et de son L.C.T 159.

Billet est tué juste au moment où son bâtiment touche terre et libère de ses flancs 6 tanks canadiens. Cet homme courageux a été le premier de nos compatriotes engagé dans la section belge de la Royal Navy. Son sacrifice est reconnu par les services de la Navy qui versent à sa veuve la solde du disparu jusqu'à la fin des hostilités.

Par contre, quelques années plus tard, notre bonne Belgique et ses sinistres ronds de cuir feront parvenir une missive à l'épouse et aux enfants de Victor Billet. Cette lettre lui explique que son mari s'est engagé à la Royal Navy... sans avoir passé la visite médicale du bureau de recrutement belge de Londres ! Et, la « bureaucratie » nationale de conclure avec un cynisme effrayant que cet homme, qui a donné sa vie pour la liberté... ne faisait pas partie de l'armée ! Triste et regrettable mentalité s'il en est.

In fine, la reconnaissance de l'ultime sacrifice consenti par ce soldat irréprochable et épris de liberté fut l'œuvre de l'administration de la Marine belge.

Et les cas se multiplient...

Démobilisé à la demande des autorités gouvernementales belges, le lieutenant-colonel de l'US Army Hugo van Kuyck se met à la disposition de son pays et travaille pour le compte du service des approvisionnements de notre territoire enfin libéré. Mais, rentré au pays quelques mois après avoir quitté son uniforme, il est convoqué pour répondre de l'inculpation de « réfractaire ». Et malgré les documents venus de Londres et les certificats de l'armée américaine, une cour martiale se réunit pour statuer sur son sort. Encore un grand moment de solitude pour les membres de cette assemblée judiciaire : van Kuyck déposait en uniforme et était le plus haut gradé présent à un procès qui frisait le ridicule. Finalement, l'Anversois fut blanchi de toutes ces accusations mesquines et ses brillants états de service furent enfin reconnus par les autorités belges.

Pour « récompenser » l'architecte des plages du débarquement de Normandie, les services du personnel de l'armée décident d'honorer l'homme comme il se doit : il est nommé sergent honoraire des Forces armées belges. Belle reconnaissance pour cet homme qui, durant plusieurs années, a mené à bien de nombreux projets « top secret » et a eu le courage de débarquer le matin du 6 juin sur la plage d'Omaha « La sanglante » pour y contrôler l'exactitude de ses calculs.

Néanmoins, loin d'être rancunier envers ceux qui avaient cherché sa perte, van Kuyck se met à la disposition de la toute jeune Marine belge afin de développer en son sein, une unité de cartographie marine. Une nouvelle fois, entre « gens de mer », une solution honorable est trouvée et le Commandement des Forces navales le nomme « capitaine de corvette de réserve ».

Enfin, en 1950, le Grand cordon de l'Ordre de Léopold avec palmes lui est remis « pour services exceptionnels rendus au service de la Belgique et des Alliés ».

Que de temps nécessaire pour se rendre compte du travail extraordinaire fourni durant près de quatre années par cet homme qui, résidant aux States au moment de la déclaration de guerre, n'avait malheureusement pas eu la possibilité de rejoindre les troupes belges ! Un véritable crime de lèse-majesté, aux yeux de certains...

À peine rentré sur le territoire belge, Odon Godart, le météorologue du D-Day, fut lui aussi intercepté par des gendarmes au domicile de ses parents à Farciennes. Le « déserteur » apparaît en uniforme de la RAF et les pandores battent en retraite en exprimant toute leur confusion. Cet épisode « humoristique » n'empêcha pas les autorités militaires belges de prouver toute leur reconnaissance envers un de leurs compatriotes qui avait porté l'uniforme durant près de cinq années. Victime d'un accident d'avion au retour d'une mission de bombardement au-dessus du territoire allemand, Godart est hospitalisé en Grande-Bretagne et conserve des séquelles de cet épisode tragique de son combat pour la liberté. Mais comme tant d'autres anciens combattants, ces faits de guerre ne seront pas reconnus par les Belges puisqu'il servait sous un uniforme... anglais.

Cette pénible constatation a même poussé ce brillant météorologue à regretter de n'avoir pas opté pour la nationalité britannique... Mais ces exemples sont loin d'être les seuls !

Après les hostilités, des citoyens qui ont pris les armes pour défendre le territoire belge contre l'occupant ont été tout simplement « oubliés » pour de simples raisons sexistes. Madeleine Fauconnier, l'épouse de George de Lovinfosse, résistante et commissionnée capitaine par le régent ne sera pas reconnue comme ayant fait partie des Forces belges en Grande-Bretagne. Pourtant, sa qualité d'agent SRA (Service de Renseignement et d'Action) lui conférait le droit à ce statut. Qu'à cela ne tienne, le ministère de la Défense nationale confirmera le rejet en argumentant « en-dessous de la ceinture ».

Dans ses conclusions, la missive expliquait tout bonnement que « les femmes n'ont pas acquis la qualité militaire au sens de l'art. 66 de la loi sur la milice, que ce soit au titre de milicien ou de volontaire. La loi ne concerne que les citoyens et non... »les citoyennes ». »

De son côté, Georges de Lovinfosse, l'époux de Madeleine Fauconnier eut un peu plus de chance dans son combat pour faire rendre gorge à la Défense nationale.

Néanmoins, il dut s'en référer au Conseil d'État pour qu'enfin, en 1965, il soit reconnu avoir porté l'uniforme de mai 1942 à mai 1945...

Et pourtant, le discours avait été simple au lendemain de la débâcle de mai 1940. Les autorités belges délivraient un message on ne peut plus clair : « Tout officier doit agir d'après sa conscience. » ou « La Belgique conserve sa politique d'indépendance, elle n'a pas d'alliés, seulement des garants. » Les dirigeants de l'OTAD (Office Travaux de l'Armée Démobilisée) et de l'ORAF (Office de Renseignements et d'Aide aux Familles de militaires) démontraient à quel point l'ambigüité du système était dangereuse. D'un côté, les quelques 3 000 militaires d'active non prisonniers touchaient leur solde par l'intermédiaire de ces services gérés par des membres de l'ex-armée belge, qui selon les clauses de l'armistice « n'existait plus »... et en contrepartie, ils se « tenaient calmes » tout en ayant la latitude d'agir selon leur conscience !

Tout n'a cependant pas été entièrement noir, et parmi ces offices téléguidés par l'occupant, des mouvements de résistance ont vu le jour au nez et à la barbe des Allemands.

Comme le soulignait George de Lovinfosse dans son ouvrage *Au service de leurs Majestés* : « Pour ma part, je voulais être aux côtés des Anglais jusqu'au bout. Puisque le roi des Belges était dans l'impossibilité de me donner des ordres, je me considérais comme placé au service de S.M. le roi d'Angleterre, le protecteur naturel de notre pays et de son roi. »

La conscience de certains ne s'engagea pas toujours dans ce sens et les tergiversations quelque peu sordides de certains ministres du cabinet Pierlot n'ont pas été les meilleurs signaux possibles pour les hésitants. Le général Denis, ministre de la Défense, réfugié en France, transmit des consignes strictes : interdiction de faire passer les avions belges en Angleterre !

Contre vents et marées, le chef de la défense continua dans cette direction. Un conseil de guerre condamna même par défaut plusieurs aviateurs belges, coupables d'avoir détourné des avions pour rejoindre les rangs de la RAF. Plusieurs d'entre eux tombèrent au champ d'honneur et ne furent réhabilités qu'en 1948...

Toutes ces « anecdotes » paraîtront certainement surréalistes aux lecteurs, mais elles reflètent bien l'état d'esprit qui régnait en Belgique après la capitulation. Tout cela découlait tout simplement d'un manque de fermeté, et d'un sempiternel report de prise de décisions claires et précises d'un gouvernement Pierlot totalement dépassé par les événements.

Le Führer avait refusé avec force toute rentrée en Belgique des ministres belges. Désemparés, ils se sont placés sous la protection de la France et ont lié leur sort aux dirigeants de Vichy. Ils n'ont pris leurs responsabilités, que contraints et forcés et après de très nombreuses tergiversations peu honorables. Et encore, ils ne sont pas tous partis pour Londres...

Pendant ce temps précieux largement perdu et galvaudé, des civils et des militaires belges s'engageaient à poursuivre la lutte contre l'occupant et ne se posaient pas de question quant au choix d'un uniforme ! Le devoir les avait conduits dans la capitale anglaise, où des services spécialisés procédaient à de sérieux contrôles afin d'éviter l'infiltration de sujets favorables à l'ennemi ou d'espions.

La totalité des troupes belges engagées avec les Alliés n'a jamais dépassé 5 000 hommes. La RAF comptait en ses rangs 1 200 aviateurs dont 600 navigants.

La Navy avait engagé près de 300 marins, des anciens de la Marine d'état et des pêcheurs. Quant aux troupes terrestres, elles avaient rassemblé plus de 3 000 solides gaillards dans la fameuse Brigade Piron, mais également répartis dans des unités de commandos ou de parachutistes.

À partir de juin 1940, nos compatriotes ont donc rejoint soit des unités belges en formation, soit des unités anglaises, soit les SOE (*Special Operation Executive*) et les SRA (Services de Renseignements et d'Action).

Le SOE, fondé fin juillet sur ordre du Premier ministre Winston Churchill, avait pour mission de coordonner les activités de résistances dans tous les pays occupés. L'objectif avait été clairement défini par son instigateur : « Mettez le feu à l'Europe ! »

Jean Swalue, un ancien de la Brigade Piron, apporte une conclusion péremptoire à ce chapitre. Dans ses mémoires, il écrit : « *Rarement, armée eut guerriers aussi courageux en ses rangs ; jamais, guerriers ne furent aussi mal récompensés. Les soldats avec un minimum de 12 mois de captivité ont tout obtenu, il ne restait plus rien pour ceux qui se sont évadés et ont repris les armes ! Quelle injustice... Sciemment ou non, par je m'en-foutisme ou sous la pression des jaloux, nos gouvernants ont ignoré ces merveilleux soldats. Ces héros n'ont reçu aucun remerciement de leur pays. Les Anglais, eux, n'ont pas oublié la Brigade Piron...* »

Parti de Belgique pour un stalag allemand, le IX A de Ziegenhain, il travaille dans une ferme et s'évade. Il revient en Belgique, et entre dans un réseau de résistance avec lequel il fournit des renseignements pour l'Angleterre. Il rejoindra la Grande-Bretagne pour continuer le combat comme il se l'était juré. « Et s'il fallait recommencer... Et bien, nous serions toujours les mêmes à répondre : « Présents ! ».

Mike Donnet, dans son remarquable livre *Les aviateurs belges dans la Royal Air Force*, tient à souligner l'engagement de nombreuses femmes belges dans les services du Corps auxiliaire féminin de la territoriale (ATS ou Army Territorial Service) ou de l'armée de l'air (WAAF ou Women's Auxiliary Air Force). Dès septembre 1940, des engagements volontaires ont été enregistrés par les services anglais.

Ces démarches se déroulent sous les auspices de la bourse anglo-belge du travail. Le gouvernement en place à Londres marque son accord pour l'engagement de ressortissantes belges âgées de 18 à 42 ans. Toutes ces jeunes femmes suivent un entraînement identique aux auxiliaires britanniques, et seront versées dans de nombreux et différents services administratifs en fonction de leurs connaissances. Elles serviront durant toute la guerre avec un brio et un courage exceptionnels.

Mais au moment de la capitulation des armées allemandes, quant il a fallu admettre leur dévouement et leur sacrifice, les autorités belges ont fait la sourde oreille. Après les avoir incitées à rejoindre les rangs des unités anglaises, ces « courageux » hommes politiques n'ont pas eu le cran de reconnaître le service militaire de celles-ci.

Encore une fois, autorités civiles et militaires se mettent bien douillettement à l'abri de sacro-saints règlements, et invoquent le fait que *« La loi militaire n'existe pas pour les femmes en Belgique...»* Curieuse manière de remercier ces dames !

INDEX DES ABRÉVIATIONS

AMGOT: Gouvernement militaire allié des territoires occupés.

ARA: Agent de Renseignement et d'Action. Belgique.

ATS: Army Territorial Service anglais. Angleterre.

ATV: Automated Transfer Vehicle ou véhicule automatique de transfert spatial européen.

BAFO: British Air Force of Occupation ou armée de l'air anglaise d'occupation.

BBC: British Broadcasting Corporation. Angleterre.

BIS: Beach Intelligence Section. Unité américaine.

BEM: Breveté d'état-major. Belgique.

BMO: British Meteorological Office. Angleterre.

BYMS: Classe de dragueurs de mines en bois. Américains et Anglais.

CIA: Agence centrale des renseignements américains ou Central Intelligence Agency. États-Unis.

CISLA: Centre d'Instruction des Sous-Lieutenants d'Artillerie. Belgique.

CMB: Compagnie Maritime Belge.

CNAA: Corporation Nationale de l'Alimentation et de l'Agriculture. Belgique.

CRAB: Centre de Recrutement de l'Armée Belge. Belgique.

DAT: Défense Anti-aérienne Territoriale. Belgique.

DB: Division blindée. La célèbre 2e DB était Française.

DFC: Distinguished Flying Cross. Décoration anglaise.

DSC: Distinguished Service Cross. Décoration anglaise.

DSM: Distinguished Service Medal. Décoration anglaise.

ESB : Engineer Special Brigade. Unité américaine.

E-Boot: Vedette rapide allemande. Ce lance torpille était aussi dénommé S. Boot ou Schnellboot.

FBGB: Forces Belges de Grande-Bretagne.

FBI : Federal Bureau of Investigations. États-Unis.

FFI: Forces Françaises de l'Intérieur. France.

FUSAG : First United States Army Group. Unité fantôme créée dans le cadre de l'opération *Fortitude*.

HDML: Harbour Defence Motor Launch. Petite vedette de balisage. Alliés.

HMS: His Majesty Ship, abréviation qui précède tous les noms des bateaux anglais ainsi que ceux des bases terrestres de la marine.

HS293: Le Henschel Hs293A est une bombe planante air-mer ou air-sol. Équipée d'un moteur-fusée, elle était téléguidée par signaux radio et pouvait atteindre près de 900 Km/h. Allemagne.

JO: Jeux olympiques.

J.O.C.: Jeunesse Ouvrière Chrétienne. Belgique.

LCI: Landing Craft Infantry. Transport de troupe pour le débarquement. Angleterre et États-Unis.

LCS: London Controlling Section ou Section de contrôle de Londres. Angleterre.

LST: Landing Ship Tank. Transport de tanks et de matériel pour les débarquements. Angleterre et États-Unis.

MBE: Membre de l'Empire britannique. Ordre de chevalerie honorifique créé par le roi Georges V. *Most Excellent Order of British Empire.*

MIT: Massachussets Institute of Technology. Université américaine.

MI5 : Service de renseignements intérieurs des Britanniques

ou contre-espionnage. *Military Intelligence section 5.*

MI6 : Service de renseignements extérieurs des Britanniques. À L'origine *Military Intelligence section 6 of England ou Secret Intelligence service.*

MI9 : Military Intelligence section 9 chargé d'exfiltrer le personnel de la RAF des pays occupés. Angleterre.

OCE : Office Chief Engineer ou Bureau de l'Ingénieur en Chef. Service américain.

ORAF : Office de Renseignements et d'Aide aux Familles de militaires. Belgique.

OSS : Organisation of Strategic Services, l'ancêtre de la CIA Américain.

OTAD : Office des Travaux de l'Armée Démobilisée. Belgique.

PWE : Political Warfare Executive. Angleterre.

RAF : Royal Air Force britannique ou armée de l'air anglaise.

RNR : Royal Navy Reserve. Angleterre.

RNVR : Royal Naval Volunteer Reserve. Angleterre.

RVA: Régie des Voies Aériennes. Belgique.

SAAF : Forces Aériennes Sud-Africaines ou *South African Air Force.*

SAS : Special Air Service. Angleterre.

SHAEF : Supreme Headquarter Allied Expeditionnary Force. Alliés.

SIS : Secret Intelligence Service. Angleterre.

SNCB : Société Nationale des Chemins de fer Belges. Belgique.

SOE : Special Operations Executive. Angleterre.

SRA: Service Renseignement et Action. Belgique.

UCL: Université Catholique de Louvain. Belgique.

URSS: Union des républiques socialistes soviétiques.

USAF: United States Air Force ou Force aérienne des États-Unis.

U-Boot: Sous -marin allemand.

WAAF: Women's Auxiliary Air Force ou auxiliaires féminines de la RAF anglaise. Angleterre.

Index des noms de Belges.

Audenaerde: Commandant de *l'Avenir* entre 1915 et 1916.

Beckaert: Soldat de la Brigade Piron tombé à Auberville.

Betzebe: Lieutenant de la Brigade Piron tombé à Auberville.

Billet Victor: Marin belge (1902-1942). Officier de la Marine de l'État, il rejoint l'Angleterre, multiplie les efforts pour créer une marine belge et meurt à Dieppe lors du raid de 1942.

Blanco Andréa *Le Men*: Pilote belge de l'escadrille 609.

Block Claude: Ancien de la Brigade Piron.

Blondeel Édouard *Eddy*: Militaire belge, fondateur des parachutistes (1906-2000). Commandant du 5e SAS belge, surnommé *Capitaine Blunt* par les Anglais.

Bodart Yves: Capitaine de la Force aérienne, coéquipier de Van Lierde lors du franchissement du mur du son.

Boussa Alain Lucien: Pilote de la RAF, fait partie des SAS et dirige l'opération *Marathon*.

Bragard Johnnie: Pilote belge de l'escadrille 349.

Brel Jacques: Chanteur belge (1929-1978).

Burniat Paul: Ami de *Manu* Geerts.

Carette Roger : Premier parachutiste belge tué en France.

Chabart Léon : Opérateur radio parachuté en Belgique avec Plissart.

Charles de Belgique : Régent du royaume après la guerre, (1903-1983).

Claessens : Soldat de la Brigade Piron mort dans son char à Varaville.

Close John : Ancien de la Brigade Piron.

Cooreman Paulo : Pilote belge de l'escadrille 609.

Cornélis : Commandant de l'Avenir entre 1913 et 1914.

Cumont Charles : Capitaine-Commandant BEM , il était l'adjoint de l'attaché militaire à Londres en 1940.

Danloy Georges : Capitaine belge créateur des Commandos belges.

Danneau : Soldat de la Brigade Piron.

Dauppe Willy : Aide de camp du général van Strydonck de Burkel et ami d'Odon Godart.

de Blommaert de Soye Jean : Dirigeant du réseau franco-belge « Comète » et de l'opération *Marathon* avec Boussa.

De Boeck : Soldat de la Brigade Piron tombé à Auberville.

Debry Joseph : Ancien légionnaire membre de la Brigade Piron.

de Dorlodot René : Major de l'armée belge à Londres. (1883-1970) Il devient sénateur après la guerre et fait partie des militants wallons.

de Gerlache Gaston : Ancien pilote de la RAF (1919-2006), compagnon d'évasion d'Étienne Plissart, et commandant de l'Année géophysique internationale en Antarctique.

De Gryse Carl : Ingénieur agronome de Gembloux parti avec van Kuyck en expédition scientifique.

De Jongh Andrée : Elle crée le fameux réseau d'exfiltration de pilotes alliés « Comète ».

de Lovinfosse George : Il se distingua dans les services spéciaux ainsi que son épouse. Ils étaient tous deux des ARA (Agents de Renseignements et d'Action).

Delstanche : Soldat de la Brigade Piron, rescapé de la tragédie de Varaville.

de Selliers de Moranville Frédéric : Major de la Brigade Piron.

de Selys Longchamps Jean : Baron belge, pilote de Typhoon. (1912-1943) Célèbre par son attaque du QG de la Gestapo à Bruxelles.

De Sommer Léon : Capitaine aviateur présent à Londres en 1940.

Destrebeck Roger : Membre de la Brigade Piron.

Dethise : Aumônier de la Brigade Piron.

De Vleeschauwer Albert : Homme politique belge (1897-1971), ministre des Colonies en 1940. Il stigmatise ses collègues à rejoindre Londres.

De Winter : Secrétaire général de la CNAA

Debefve Émile : Lieutenant SAS belge.

Dehasse Gustave : Ancien sous-officier de la Brigade Piron.

Delelienne Étienne : Commandant SAS fait prisonnier par les Allemands.

Demoulin Charles « Windmill » : Dernier commandant belge de l'escadrille 609.

Denis Henri : Militaire et homme politique belge (1877-1957), ministre de la Défense en 1940.

Denis Joseph : Membre du refuge Panthère de l'Armée secrète, section de Genappe.

Déom : Sergent SAS parachuté en France.

Depoorter : Marin sur le LSI *Queen Emma* le 6 juin 1944.

Dereume Yvette : Habitante de Houtain-le-Val, elle abrite Janssens et Maréchal lors de leur retour en Belgique. Membre de l'Armée secrète.

Descampe Édouard : Adjoint de Franz Van Dorpe et résistant belge.

Devulder : Sergent du 5e SAS belge.

Dewandel : Sergent à la Brigade Piron.

Dewandre Roger : Sous-lieutenant de la Brigade Piron. Deviendra Lieutenant-général.

Dewasme Roger : Lieutenant à bord d'un Daimler lors de l'escarmouche de Branville.

Dhondt : Lieutenant sur le *Mercator*, il escorte les cadets vers l'Angleterre.

Didisheim René : Capitaine de la Brigade Piron, second du chef de corps et officier de renseignements.

Divoy Léon : Aviateur belge, ami de Michel Donnet avec lequel il s'évade de Belgique avec un Stamp SV4.

Donnet *Mike* Michel : Aviateur belge (1917-2013), il combat dans la RAF après s'être évadé de Belgique avec un Stamp SV4. Devient le commandant de l'escadrille belge 350.

Donnet Marc : Frère cadet de Michel Donnet.

d'Oultremont de Warfusée Charles-Émile : Lieutenant de la Brigade Piron.

Dufrane : Sergent à la Brigade Piron.

Du Monceau de Bergendael Yvan : Pilote de la RAF et crédité de huit victoires aériennes. Il est le meilleur chasseur belge.

Fauconnier Madeleine : Épouse de Georges de Lovinfosse et membre du Service de renseignement et d'action avec le grade de capitaine.

Flavien Didier: Membre du refuge Panthère de l'Armée secrète, section de Genappe.

Floridor Jules: Membre de la Brigade Piron.

Fourner Marcel: Soldat de la Brigade Piron tombé à Deauville.

François Robert: Marin de l'équipage de l'*Askoy*.

Geerts Louis Emmanuel *Manu*: Pilote belge de la RAF, il commande l'escadrille 609 lors de la bataille de Normandie.

Geluyckens Daniel: Officier-canonnier sur le HMS Jervis, deviendra Commodore de la FN.

Genis Roger: Ancien de la Brigade Piron. Il meurt au Congo lors d'une mission.

Gérard Édouard: Premier membre de la Brigade Piron tué au combat. Il repose à Ranville.

Ghys Jef: Lieutenant parachutiste d'origine anversoise.

Godart Odon: Météorologue belge (1913-1996) qui détermine le jour du débarquement en Normandie. Scientifique et mathématicien réputé, il a enseigné à l'UCL et il était l'ami du Chanoine Georges Lemaître.

Goffinet: Sergent belge des S.A.S.

Gonay Henry: Pilote belge de l'escadrille 609, il tombe au champ d'honneur sur l'île anglo-normande de Jersey.

Gurhem: Soldat de la Brigade Piron mort à Auberville.

Gutt Camille: Homme politique belge (1884-1971), il rejoint Londres en 1940.

Haene: Caporal de la Brigade Piron.

Harboort Petrus: Adjudant de la Compagnie du Génie de la Brigade Piron, démineur tué par une mine.

Heilporn Claude: Membre des SAS belges.

Herremans Albert: Pilote belge de l'escadrille 350. Il meurt au combat lors de la bataille de Normandie.

Hirsch: Commandant de la batterie anti-aérienne belge avec le grade de major de réserve.

Holvoet Raymond: SAS du 5e versé dans le premier régiment anglais comme interprète.

Horta Victor: Célèbre architecte belge (1861-1947), chef de file de l'Art nouveau.

Houbion Georges: Commandant à la Brigade Piron.

Jacobs Georges: Lieutenant de la Brigade Piron.

Jadon: Soldat de la Brigade Piron, mort à Auberville.

Jansen Lucien: Capitaine aviateur de réserve, ami de Michel Donnet.

Janssens Jean-Philippe: Lieutenant ARA et « marconiste », parachuté dans le Brabant wallon.

Jaspar Marcel-Henri: Homme politique belge (1901-1982), il était ministre de la Santé publique en 1940 et se désolidarise des autres ministres.

Jaspar Pierre: Frère de Marcel-Henri Jaspar.

Jaspis Georges *Poupa*: Pilote belge de l'escadrille 609.

Keil Arthur: Frère d'Émile, parachutiste allemand.

Keil Émile: Ancien de la Brigade Piron.

Kirschen Gilbert Sadi: Surnommé Kiki, lieutenant SAS

Kronacker Paul: Baron, homme politique belge, ministre des Approvisionnements après la guerre, (1897-1995). Il était attaché militaire auprès du gouvernement belge à Londres.

Lallemant Raymond *Cheval*: Célèbre pilote belge de Typhoon de l'escadrille 609.

Larose: Commande *le Godetia* lors du débarquement de Normandie.

Lauwereins : Commandant de l'Avenir entre 1916 et 1919.

Legrand Louis Henri : major dans des unités de blindés.

Leleu : Brigadier de la Brigade Piron.

Lemaître Georges : Chanoine belge astronome et physicien émet la théorie de l'atome primitif et du *Big Bang* (1894-1966).

Lepage Fernand : Avocat belge (1905-1996) qui remet sur pied la Sûreté de l'état à Londres.

Libert : Commandant de la Buttercup le 6 juin 1944.

Limbosch Freddy : Officier des SAS belges.

Losseau Michel : Parachuté en 1943 en Belgique pour mener à bien l'opération *Othello*. Capitaine des Affaires Civiles à la libération.

Maîtrejean Jean : Ancien de la Brigade Piron.

Marchal : Ingénieur civil ami d'Odon Godart.

Maréchal Edmond : Agent ARA belge équipier de Jean Philippe Janssens.

Massonet : Soldat de la Brigade Piron mort dans son char à Varanville.

Matagne : Chauffeur d'un scout-car à Branville.

Michelli Henri : Résistant belge.

Mulder Fritz : Ami d'enfance de Hugo van Kuyck.

Nowé Paul : Major de la Brigade Piron.

Offenberg Jean : Sert dans l'escadrille 609.

Paar Oscar : Diéséliste sur l'Askoy.

Pauchenne Albert : Ancien de la Brigade Piron.

Pauly Albert : Parachutiste du SRA anglais et du OSS américain.

Pelsmaeckers Albert : Sous-lieutenant de la Brigade Piron.

Petit Albert : Pseudonyme de l'homme qui a arrêté Heinrich Himmler.

Pierlot Hubert : Homme politique belge (1883-1963), il dirigea six gouvernements. Rejoint Londres en 1940.

Piette : Radio de la Brigade Piron.

Piron Jean-Baptiste : Général belge, Commandant de la Brigade Libération (1896-1974). Après la guerre, commande les troupes d'occupation en Allemagne et devient chef d'état-major des Forces belges.

Plissart Étienne : Avocat belge parachuté en Belgique en 1944. Alias *Jean-Pierre Petit.*

Polain Pierre : Ancien de la Brigade Piron.

Poskin Édouard : Sert sur le dragueur Chamois lors du débarquement. Il deviendra Commodore de la FN

Regner : Caporal-chef du 5e SAS belge.

Renier Joseph : Pilote belge de l'escadrille 609.

Renkin Paul : Lieutenant SAS belge.

Rogiest : Soldat du 5e SAS belge.

Rouche Simon : Caporal de la Brigade Piron tombé à la Libération de Deauville.

Rouzée : Conducteur d'un scout-car de la Brigade Piron.

Schats Frans : Mécanicien de la 349e escadrille « belge ».

Schönberg Rudolph : Yachtman belge ami de van Kuyck.

Seghers Eugène : Pilote belge de l'escadrille 609. Meurt au combat le 26 juillet 1944 en détruisant un V1.

Seutens Max : Directeur du commerce extérieur belge avant guerre.

Soyka Alex : Ancien de la Brigade Piron.

Spaak Paul-Henri : Homme politique belge (1899-1972), il est considéré comme un des pères de l'Europe. Rejoint

Londres en 1940.

Stampe Jean : Inventeur du fameux Stamp, biplace d'entraînement, avec son ami Maurice Vertongen.

Stevens Guy : Soldat de la Brigade Piron.

Swalue Jean : Ancien de la Brigade Piron.

Taymans Michel : Colonel de l'armée belge, compagnon d'évasion d'Étienne Plissart.

Temmerman Jean : SAS du 5e versé dans le premier régiment anglais comme interprète.

Theunis Georges : Ambassadeur extraordinaire belge aux USA en 1940.

Thyse : Commandant de la première Compagnie parachutiste indépendante.

Timmermans André : Frère de Georges Timmermans, marin sur le navire école *L'avenir*.

Timmermans Georges : Capitaine de corvette RNR commandant la première vague de LCI le 6 juin 1944. Deviendra le fondateur de la FN.

Tshoffen Paul : Lieutenant-général de la Commission des Affaires civiles lors de la libération.

Valcke : Deux frères amis de Michel Donnet.

Van Campenhout : Chef de cabinet du ministère des Affaires économiques de Londres.

Van de Perre Hugo : Parachuté en Belgique en 1942 pour l'opération *Baboon-Othello*, il rejoint Londres l'année suivante.

Van de Velde Albert : Squadron Leader de la 349e escadrille « belge ».

Van Den Broeck : Chauffeur de scout-car à la Brigade Piron, tué au combat près de Fiquefleur.

Van den Plas : Sergent de la Brigade Piron, mort dans son

char à Varaville.

van der Heyden John : Capitaine SAS belge.

Van Dorpe Franz : Alias *Othello II*, major SRA belge.

Van Dyck Jules : Lieutenant de vaisseau de la RNR.

van Kuyck Frans : Artiste-peintre et ancien échevin anversois.

van Kuyck Hugo : Architecte fonctionnaliste belge et acteur important de l'opération *Overlord* (1902-1975). Il sert sous l'uniforme américain et termine la guerre avec le grade de lieutenant-colonel.

van Kuyck Walter : Père de Hugo van Kuyck et architecte.

Van Lierde Remy : Pilote belge de l'escadrille 609. Premier belge à franchir le mur du son.

Van Molkot Jean : Pilote belge de l'escadrille 349, surnommé *Popeye*.

van Strydonck de Brurkel : Lieutenant-général belge chef des forces belges en Angleterre. (1876-1961)

Veldekens Jacques : Avocat belge membre du réseau de résistance Samoyède, le réseau de la radio clandestine.

Verhaeghe de Nayer Marc : Lieutenant de la Brigade Piron

Verschueren Henri : Sergent des SAS belges.

Vertongen Maurice : Inventeur du fameux Stamp, biplace d'entraînement, avec son ami Jean Stampe.

Vervynck : Marin belge sur la Larne, dragueur de mines.

Vieuxtemps Edgard : Sous-officier M-T chez les SAS.

Vinck Émile : Vice-président du Sénat en 1940.

Voss Robert : Ami de Michel Donnet.

Wanty Georges : Lieutenant de la Brigade piron.

Wappers Égide Charles : Peintre belge.

Watelet Georges : Pilote belge de l'escadrille 609.

Wittevrongel Piet et Staf : Deux frères passionnés de voiles et restaurateurs du voilier Askoy II de van Kuyck et Brel.

Wouters Louis : Colonel aviateur, attaché militaire à Londres en 1940.

Zegers Joseph : Pilote belge de l'escadrille 609.

BIBLIOGRAPHIE

1944, des Belges en Normandie de Guy Weber. Bourdeau-Cappelle. 1994.

Au Service de leurs Majestés, de Georges de Lovinfosse, éditions Biblos.

Bulletin d'information Brigade Piron de mars 1995.

Brabant wallon. 1940-1944 de Pierre Jacquet, éditions Duculot, 1989.

Congé pour mourir d'Henri Anrys. Chez Pierre de Meyere, 1975.

Curieuses histoires de guerre de Donald Graeme, éditions Jourdan.

Des Belges très occupés de Pierre Stéphany, éditions Racine.

Des hommes oubliés de Guy Weber, éditions Musin. 1978.

Du perron à Piccadilly d'Albert Pauly, éditions Collet.

Envols pour la liberté de Mike Donnet, éditions Racines.

Feux du ciel de Pierre Closterman. Éditions Anankè-Lefrancq, 2001.

Frans Schats, mécanicien à la R.A.F. de Baudouin Caironi. ASBL « The Golden Falcon ».2010.

Histoire des parachutistes S.A.S. de 1942 à 1952. Groupe Go. Bruxelles, 1977.

Hugo van Kuyck de Charles Emmanuel Schelfhout. Chez « éditions de la Dyle ».

Jours de guerre, jours de Londres, sous la direction de Francis Balace chez Dexia.

La Belgique à l'heure allemande de Jacques de Launoay, éditions Paul Legain.

La Belgique au carrefour de Camille Gutt. Chez Fayard. 1971.

La résistance en Lozère.de Stéphane Robine.

Le Katanga de Moïse Tshombé de Guy Weber, éditions Musin. 1983.

Léopold III et le gouvernement de Jean Stengers. Document Duculot 1980.

Les espions du débarquement de Ben Mac Intyre. Ixelles éditions, 2012.

Les mensonges de Juin 1940 de Bernard Legoux, éditions Jourdan.

Les paras belges dans l'action de Jean Temmerman. Éditions Collet, 1987.

Les raids secrets de COPP's de Michaël Pearson et Bill Strutton. Chez France Empire.

Mes légionnaires de Guy Weber, éditions Musin.

Odon Godart et son oeuvre de R.Dejaiffe. Journal « Ciel Terre ». 1998.

Odyssée d'un marin belge de Daniel Geluyckens. Édition de la Dyle.1996.

Rendez-vous d'un jour, 6 juin 44 du colonel R.Lallemant. Éditions Rossel. 1975.

Saveurs de paix et de guerre du baron Kronacker. Chez Fayard.

Se battre pour la Belgique de Jo et Hervé Gérard et Gustave Rens, éditions Collet.

Solidarité autour du voilier de Jacques Brel. Le phare dunkerquois.

Souvenirs de guerre d'Etienne Plissart.

Souvenirs de paix et de guerre du Baron Kronacker, éditions Fayard.

Tenace mémoire de François de Troyer, éditions Lielens.

(7043) Godart de Wikipedia.

« Ciel et terre », Odon Godart et son œuvre par René Dejaiffe, 1998.

« La météo du 6 juin 1944 » par le centre météo UQUAM de Toulouse.

« Les amis de Bousval », *Le débarquement allié en Normandie et Bousval, quel lien ?* 2007.

« Les Aviateurs Belges dans la R.A.F. » par Mike Donnet.

« Les vieilles tiges ». Biographies 12 et 21.

« Météo 6 juin 1944, pas vraiment estivale », Blog Omaha 2007.

« Souvenirs de guerre » d'Odon Godart. Cercle d'histoire et d'archéologie du Pays de Genappe, 2008.

Annuaire de l'Académie des Beaux-arts d'Anvers.

Archives de météo France: « Juin 1944: le débarquement est repoussé pour cause météo ». 26.05.2004.

Archives du journal Le soir. Christian Laporte.

Archives.lesoir.be.

Avionslegendaires.net.

Blog de FredHidalgo : « Si ça vous chante ».

Brigade-piron.be.

Bruxelles.be.

Cegesoma.be.

Courseulles-sur-mer.com.

Dday-overlord.com.

Ellezelles.com.

Estvideo. « Pourquoi le 6 juin 1944 ? » de Mulfort Sébastien. 2004.

Fondationresistance.org.

Forummarine.forumactif.com.

France.meteofrance.com.

Freebelgians.be.

Graye-sur-mer.org.

Le Carentan Liberty Group.

Lesamisdebousval.be.

Livresdeguerre.net/forum.

L'Yonne indépendante. Archives.

Marinebelge.be.

Marine-mra-klm.be.

Meteocentre.com.

Navires écoles belges, leur histoire.

Normandie44.canalblog.com.
Normandie44lamemoire.com.
Normandie-heritage.com.
Normandiememoire.com.
Odon Godart par André Berger.
Omaha-2007.skyrock.com.
Paramicalebelge. e-monsite.
Revue des questions scientifiques: « La météo et la guerre ».
Rtbf.be/info.
Site d'Ars-moriendi.
Site de La Libre. « Le bateau de Brel ressuscité ».
Site de la Marine-mra-klm de Belgique.
Site de marine belge (Les marins belges du D-Day.)
Site du 350e Squadron.be.
Site : audierne.info.
Site : dday-overlord.com.
Sites touristiques de Graye-sur-Mer et de Courseulles-sur-Mer.
Specialforcesroh.com.
Ssd.jpl.nasa.gov.
Users.skynet.be/les.cuirassiers/rgtchars.htm.
Vieillestiges.be.
Vvjack.be.
Wielingen1991.userboard.net.
Wikiperia.org.
Wingsofmemory.be.

REMERCIEMENTS

Cet ouvrage doit beaucoup aux souvenirs de ces Belges qui ont participé à la deuxième guerre mondiale. Eux et leurs enfants ou compagnons d'arme ont retracé leurs actions militaires avec beaucoup de soins. Qu'ils en soient remerciés. En compilant l'ensemble des données relatives aux Belges d'Overlord, j'ai tenté de rassembler tous ceux qui, de près ou de loin, ont contribué à la reconquête de la liberté en Europe. Outre ces passeurs de mémoire, je tiens à remercier tout particulièrement l'éditeur Alain Jourdan qui m'a fait confiance, mon ami et collègue Jacques Braibant pour sa disponibilité et ses judicieux conseils, le personnel de la Bibliothèque de Nivelles pour sa gentillesse et Pierre Lierneux du Musée royal de l'Armée et d'Histoire militaire de Bruxelles. Lui et son équipe m'ont été d'un grand secours et leur serviabilité m'a permis de terminer mon travail dans les temps. Un tout grand merci également à mon épouse Claudine pour son énorme travail de dactylographie et de bureautique. Toutes ces énergies positives m'ont été d'un grand soutien pour cette première expérience. Du fond du cœur, je tiens encore à vous exprimer toute ma gratitude.

Marcel Vancaster

Table des matières

IMPRIMÉ EN CE
DÉPOT LÉGAL : 2014

Achevé d'imprimer en Belgique
Sur les presses de SNEL